논백
리더십
전략

학문과 실무를 연결하는
중간계 캠퍼스 ②

논백
리더십
전략

심리학 논문 100편에서
찾아낸 성공하는
리더십의 기술

신병철 지음

휴먼큐브

리더십이란?

리더십Leadership이란 무엇일까요?

저에게 가장 강의 요청이 많이 들어오는 주제 가운데 하나가 리더십입니다. 리더십은 범위가 넓습니다. 말 잘하는 것도 리더십이고, 잘 들어주는 것도 리더십이고, 도와주는 것도 리더십이고, 과제를 주는 것도 리더십이고, 혼내는 것도 리더십이고, 칭찬하는 것도 리더십입니다. 리더의 행동과 말, 무엇 하나 리더십 아닌 것이 없습니다. 범위가 넓다 보니 리더십이라는 주제를 제대로 전달하는 것이 참 어렵습니다.

그럼에도, 리더에게 요구되는 조건을 핵심만 추려보면, 다음과 같이 정리할 수 있습니다.

내적 동기를 높이고
외적 동기를 낮춘다.

의미와 명분을 깨닫게 하고,
보람과 즐거움을 주고,
조직원의 성장을 돕는다.

정서적으로 안정감을 주고,
경제적 문제를 해결해주고,
관성에 젖지 않게 한다.

리더십은 내적 동기를 만들어서 일하는 사람들로 하여금 일에 대한 즐거움을 느낄 수 있게 하고, 자신이 하고 있는 일에 의미를 부여하며, 그 일을 통해 성장할 수 있는 토대를 만들어주는 것입니다. 또 반대로 일을 하는 사람들에게 부정적으로 작용할 수 있는 외적 동기를 낮추고, 정서적·경제적 안정을 제공하고, 관성에 젖지 않도록 하는 것입니다.

*

리더의 조건은 무엇인가?

리더의 조건은 무엇일까요?
구글에서 리더십이라는 용어를 검색하면 다음과 같은 단어들이
나옵니다.

신뢰, 문제 해결, 성과, 조직 성장, 소통, 정직, 겸손, 성실,
용기, 인내, 배려, 대인관계, 경청, 통찰력, 창조성, 설득, 협상,
도전 정신, 유머, 위기관리 능력, 사랑, 카리스마, 책임감, 통합,
도덕성, 균형 감각, 중용, 안정……

여기 나오는 단어들은 그야말로 '리더십' 하면 떠오르는 모
든 단어들입니다. 그렇다면 이런 질문을 생각해볼 수 있습니다.
위의 조건들을 모두 갖추면 진정한 리더가 되는 걸까요? 아마도
그렇지 않을 것입니다. 범위가 너무 넓습니다. 이렇게 많은 것을
사람이 모두 갖추기는 힘듭니다. 핵심적인 내용으로 조금 줄여
볼 필요가 있습니다.

미국 육군사관학교인 웨스트포인트에서는 리더의 원칙을
이렇게 3가지로 말합니다. 훨씬 더 깔끔한 것 같습니다. 하나씩

살펴볼까요?

Be(성품)
어떤 사람이 될 것인가?
올바른 가치관과 자기수양으로
인격적 리더가 되어야 한다.

Know(능력)
어떤 능력을 갖출 것인가?
전문 지식을 갖추고, 충분한 경험으로
올바른 의사결정을 하는 리더가 되어야 한다.

Do(행동력)
어떤 결과를 얻을 것인가?
요구되는 임무를 주어진 시간 안에 완수할 수 있는
실행력을 갖춘 리더가 되어야 한다.

지구상에서 리더십의 효과가 가장 극명하게 드러나는 곳은
바로 군대일 것입니다. 일반 회사에서는 일하다가 안 되면 사표
를 쓰고 회사를 나갈 수도 있지만, 군대에서는 그럴 수가 없습니

다. 사람 목숨이 달려 있으니까요. 그래서 군대야말로 리더십이 가장 강력하게 요구되는 조직입니다. 미국 육군사관학교에서 오랜 세월 동안 축적된 이론과 경험을 통해 정립하고 수정하여 내세운 리더십의 3원칙이 바로 성품과 능력, 행동력입니다. 아주 훌륭한 분류가 아닐 수 없습니다.

이외에도, 리더십에 대한 분류는 정말 다양합니다.
1970년대 하우스R. J. House가 개발한 경로-목표 이론Path-Goal Theory에서는 리더십을 다음과 같이 분류했습니다.

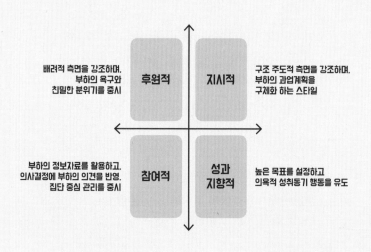

후원적 리더십Supportive Leadership
아랫사람을 얼마나 후원할 것인가
지시적 리더십Directive Leadership
팀원들에게 어떻게 지시할 것인가
참여적 리더십Participative Leadership
팀원들과 어떻게 협력할 것인가
성과 지향적 리더십Achievement-Orientated Leadership
어떻게 성과를 낼 것인가

이런 것들도 훌륭한 분류입니다.

리더십과 리더십 분류에 대한 연구들은 아주 많습니다. 살펴보면 누구나 공감할 수 있을 만한 내용들입니다. 그러나 너무 많은 리더십의 분류 때문에 오히려 리더십의 개념이 제대로 전달되지 않는 경향이 있습니다. 조금 더 쉽고 유용하게 정리된 개념이 필요합니다. 제가 오래전에 영화를 하나 보았는데, 리더십을 아주 재미있게 설명하고 있었습니다. 바로 〈웰컴 투 동막골〉이라는 영화였습니다.

*

리더십의 방향성

영화 〈웰컴 투 동막골〉을 보면, 우연히 동막골에 들어와 지내게
된 인민군 장교가 동막골 사람들을 잘 아우르며 마을을 이끌어
가는 촌장에게 이렇게 묻는 장면이 나옵니다.

> "고함 한 번 지르지 않고 부락민을 통솔하는 영도력(리더십)의 비결
> 이 뭡니까?"

그러자 촌장은 멀리 하늘을 보면서 이렇게 대답합니다.

> "뭘 많이 먹여야지……"

아주 간명하면서도 통찰적입니다. 뭘 많이 먹이는 게 리더
십의 요체라는 것입니다. 다소 감성적이기도 하거니와 깊은 통
찰이 들어 있습니다. 그래서 이것이 제가 개인적으로 가장 좋아
하는 리더십에 대한 정의입니다. 리더의 가장 중요한 덕목은 먹
고사는 것을 걱정하지 않게 하는 것이 그 시작점이라고 생각합
니다. 하지만 지금은 밥만 많이 먹여서는 훌륭한 리더십이라고

볼 수 없겠지요. 현대인의 생활은 영화 속보다 훨씬 더 다양하고 복잡합니다. 리더 스스로 성장하는 것도 필요하고, 리더가 타인들이 배우고 따를 만한 사람, 롤모델도 돼야 할 겁니다. 그리고 동료의 성장을 이끌어주는 것도 필요합니다. 결국 리더십은 내가 성장하고, 롤모델이 되며, 타인의 성장을 도와주는 것입니다. 그래서 리더십과 관련된 수많은 내용 중에서 7가지 주제를 정리했습니다.

1. 리더십, 동기 부여의 미학
2. 셀프 리더십 정교화
3. 리더의 덕목
4. 리더십과 기업 문화 구축
5. 리더십과 관계 형성
6. 리더십과 커뮤니케이션
7. 리더십의 실패

앞으로 이 7가지의 주제를 통해서 리더십의 본질은 무엇이며, 리더십의 역할과 기대, 실패했을 때의 결과 등 리더십을 통해서 조직을 성장시킬 수 있는 사항들에 대해 살펴보도록 하겠습니다.

목 차

TOPIC 1.
리더십, 동기 부여의 미학

보상을 받은 원숭이가
문제를 더 잘 해결할까요?

1.
원숭이도 스스로
동기 부여가 되는가?

원숭이에게도 동기 부여가 필요할까요? 미국의 심리학자 해리 할로Harry Harlow는 원숭이를 대상으로 동기와 관련한 아주 재미 있는 실험을 진행했습니다. 이 실험 이전에는 동물에 대해 동기 부여라는 말이 없었습니다. 그 유명한 '파블로프의 개' 실험과 같은 조건화의 관점으로만 동물 실험을 진행했었죠. 그런데 해리 할로가 세계 최초로 동물과 동기 부여의 관계를 살펴본 겁니다. 원숭이를 대상으로 한 동기 부여 실험의 결과는 매우 재미있습니다. 먼저 그의 실험을 간단히 살펴보겠습니다.

*

실험 1

실험은 크게 두 가지로 진행되었습니다. 첫 번째 실험은 8마리의 원숭이를 A와 B 두 그룹으로 나누어서 총 14일 동안 진행했습니다. A그룹의 원숭이들에게는 잠금 장치가 되어 있는 경첩을 주고, B그룹의 원숭이들에게는 잠금 장치가 풀려 있는 경첩을 줬습니다. 그러니까 두 그룹의 원숭이가 빈방에서 14일간 경첩과 함께 생활한 것입니다. 그중 A그룹 원숭이들에게 주어진 경첩은 아래 그림과 같이 잠겨 있어서, 핀을 뽑고 걸쇠를 들어 올려야만 풀 수 있습니다.

그룹 A
잠금 장치가 되어 있는 경첩을
12일간 갖고 있는 원숭이들

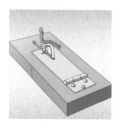

그룹 B
잠금 장치가 풀려 있는 경첩을
12일간 갖고 있는 원숭이들

그런데 실험에 참여한 원숭이들은 생후 6개월밖에 안 된 원숭이들이었고, 잠겨 있는 경첩을 푸는 일은 겨우 6개월 된 원숭이들에게는 굉장히 어려운 문제입니다. 연구자들은 어린 원숭이들이 12일 동안 어떤 것을 학습하는지 지켜봤습니다. 경첩을 푼다고 해서 원숭이들에게 어떤 보상이 주어지지는 않았습니다. 그리고 나서 13~14일째에 두 그룹의 원숭이들에게 똑같이 잠겨 있는 경첩을 주었습니다.

　　A그룹 원숭이들은 앞서 12일 동안 잠겨 있는 경첩을 푸는 경험을 했고, B그룹은 풀려 있는 경첩만 보았습니다. 경첩을 풀었을 때 아무런 보상을 받지 않았음에도 A그룹의 원숭이들은 13~14일째에 31번 경첩 풀기에 성공하고, B그룹은 단 4번만 성공합니다. 추가적으로 60초의 제한 시간 안에 경첩을 풀 수 있는지를 살펴보았는데, 이때 이 두 그룹의 차이는 더욱 확연하게 나타났습니다. A그룹은 60초 안에 경첩을 푸는 횟수가 22번인데 비해 B그룹은 단 한 번도 60초 안에 경첩을 풀지 못했습니다.

　　아주 흥미로운 결과가 나왔습니다. 생후 6개월밖에 안 된 원숭이들도 과제가 주어지면 이를 해결하려고 노력하고, 시간이 지나면서 저절로 해결 방법을 학습한다는 것을 확인했습니다. 이들 원숭이에게는 어떠한 보상도 없었고 누가 의도적으로 행동을 훈련시키지도 않았는데, 스스로 경첩을 푸는 행동을 한 것입니다. 그러니까 일정한 시간 동안 문제에 노출되면 스스로 풀려고 한다는 것입니다. 이 결과도 흥미롭습니다만, 더 재미있는 결과가 실험 2에서 나옵니다.

13. 14일차 문제 해결 횟수

전체 문제 해결 횟수				60초 이내 문제 해결 횟수			
그룹 A		그룹 B		그룹 A		그룹 B	
대상	해결	해결	대상	대상	해결	해결	대상
138	8	1	140	138	5	0	140
143	6	1	146	143	3	0	146
150	9	2	142	150	7	0	142
151	8	0	147	151	7	0	147
총합	31	4		총합	22	0	

*

실험 2

해리 할로는 추가 실험을 진행하기로 하였습니다. 이번에는 경첩을 풀면 보상으로 음식을 주는 조건을 추가했습니다. 원숭이

입장에서는 '파블로프의 개'가 되는 거죠. '내가 이걸 풀면 먹이를 주는구나' 하는 조건화 과정을 학습시킨 것입니다.

일반적으로 보상으로 먹이를 줄 때와 안 줄 때, 어느 쪽이 더 효과가 좋을까요? 당연히 먹이를 주는 쪽이 효과가 있을 거라고 생각합니다. 이게 지금까지 진행되어온 동물 대상 심리학 연구의 전반적인 결과입니다.

그런데 해리 할로는 말도 안 되는 생각을 했습니다. 동물 역시 사람과 마찬가지로 자유 의지가 있으며, 의사결정력이 있고, 동기 부여가 되는 존재일 것이라고 생각한 것입니다. 진짜 그런지 확인하기 위하여 앞의 실험과 동일한 상황을 만들어놓고, 원숭이를 먹이를 주는 조건과 안 주는 조건으로 나누어 실험을 진행했습니다. 먹이를 주는 조건에서 더 많은 문제 풀이가 이루어졌을까요? 아니면 먹이를 주지 않은 조건에서 더 많은 문제 풀이가 이루어졌을까요?

먹이를 주는 조건

실험 결과는 우리의 일반적인 생각과 많이 달랐습니다. 일반적으로는 먹이를 주는 조건에서 더 좋은 결과가 있을 것이라고 예상했는데, 실제 결과는 반대입니다. 먹이를 주는 조건에서 더 많이 실패했고, 반면 먹이를 주지 않는 조건에서 더 많이 성공했습니다. 정말 재미있는 결과가 나온 것입니다. 이 연구를 통해서 동물 역시 외부로부터 주어지는 동기 부여보다 자발적인 동기가 훨씬 더 중요하다는 것을 발견할 수 있습니다.

하지만 이 연구는 당시 동료 연구자들로부터 말도 안 되는

문제 풀이 성공 / 실패 빈도

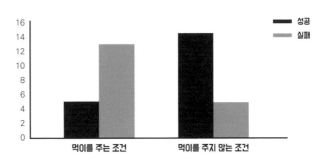

연구를 했다는 비난과 함께 연구비 중단 등의 압력을 받게 됩니다. 그 이유는 당시 테일러F.W. Taylor의 과학적 시간관리, 행동관리가 유행하고 있던 때라서, 내적 동기가 중요하다는 해리 할로의 연구는 주변의 연구자들로부터 환영받기가 쉽지 않았기 때문입니다. 이런저런 압력으로 해리 할로는 이런 유의 연구를 중단하고 다른 연구 주제로 넘어가게 됩니다. 그래서 원숭이의 행동에 대한 원리나 구조 등이 밝혀지지 않은 채 실험이 종료되고 말았습니다.

하지만 해리 할로의 실험을 통해, 동물이라 하더라도 내적 동기Intrinsic Motivation가 외적 동기Extrinsic Motivation보다 훨씬 더 중요할 수 있다는 명제가 제기되었습니다. 내적 동기란 태어날 때부터 갖고 있는 동기를 말합니다. 외적 동기란 외부의 보상에 의해 발생한 동기를 말합니다. 그러니까 스스로 좋아서 하는 행동은 내적 동기가 높아서 나오는 행동이고, 상을 주어서 하는 행동은 외적 동기가 높아서 나오는 행동입니다.

해리 할로의 연구의 시사점은 동물이라 하더라도 태어날 때부터 스스로 무언가를 해내려는 동기를 갖고 있고, 그걸 무시할 수는 없다는 것입니다. 물론 당시에는 환영받지 못한 학문적 결과였지만요.

목표를 달성하면
인센티브를 줄게!
.
.
.
효과 좀 보셨나요?

2.
보상과 성과는 비례할까?

해리 할로의 파격적 실험이 끝나고 20년 뒤, 에드워드 데시Ed-
ward L. Deci가 비슷한 연구를 진행하기로 했습니다. 이번에는 원
숭이가 아니라 초등학생을 대상으로 한 연구였습니다.

*

실험 설계

에드워드 데시는 소마퍼즐을 맞추는 게임을 진행했습니다. 소마
는 다양한 모양의 조각을 정육면체로 맞추는 게임입니다. 생각
보다 쉽지 않은 입체 도형 맞추기 게임이죠. 초등학생을 두 그룹
으로 나누어 소마퍼즐을 해보라고 했습니다.

보상 유무

	1일차	2일차	3일차
그룹 A	No	Yes	No
그룹 B	No	No	No

　　A그룹의 아이들에게는 1일차에는 아무런 보상을 주지 않았고, 2일차에는 잘 맞추면 보상을 준다고 했고, 3일차에는 다시 보상을 주지 않았습니다. B그룹의 아이들에게는 1일차, 2일차, 3일차 모두 아무런 보상을 주지 않았습니다.

　　실험 방법은 이렇습니다. 아이들이 소마퍼즐을 맞추고 있는 사이, 사회자가 8분 정도 자리를 비우고는 다른 방에 가서 실험에 참가한 아이들이 사회자가 없는 8분 동안 퍼즐을 계속 맞추는지 지켜보는 것입니다. 사회자가 없으니 아이들은 퍼즐을 해도 되고 안 해도 되는 상황이었죠. 이런 방법으로 3일간 실험을 진행했습니다. 결과는 어떻게 나왔을까요?

퍼즐을 맞춘 시간   (단위: 초)

	1일차	2일차	3일차	3일차 - 1일차
그룹 A	248.2	313.9	198.5	−49.7
그룹 B	213.9	205.7	241.8	27.9

첫날에는 두 그룹이 248초와 213초로 비슷한 시간 동안 퍼즐을 맞췄습니다. 그런데 둘째 날에는 보상을 받는 그룹이 313초, 보상을 받지 못하는 그룹이 205초로 차이가 확연하게 벌어집니다.

그런데 이 연구의 핵심은 셋째 날입니다. 두 그룹 모두 보상이 없는 날인데, 전날 보상을 받았다가 못 받게 된 A그룹은 198초로 퍼즐 맞춘 시간이 확 떨어진 걸 확인할 수 있습니다. 반면 계속 보상이 없었던 B그룹은 241초 동안 퍼즐을 맞췄습니다.

결국 A그룹은 첫날보다 셋째 날 퍼즐을 맞춘 시간이 49.7초 감소했습니다. 보상을 주고 나서 한 행동과 하기 전의 행동을 빼면 보상 효과가 어떻게 나오는지 볼 수 있겠죠? 보상을 주다가 안 주니 그 효과가 49.7초 감소한 것입니다. 그러니까 보상을 주면 효과가 있지만, 주다가 안 주면 오히려 더 심한 마이너스의 상태가 발생하는 겁니다. 반면 B그룹에서는 퍼즐을 맞추는 행동을 지속하여 시간이 28초가 늘어나게 되었습니다. 무엇을 알 수 있나요? 보상을 잠깐 주다 안 주면 그 효과는 급격히 떨어지게 됩니다. 이 연구의 가장 큰 공헌은 **보상의 효과는 일시적이고, 주다가 중지하면 그 효과는 아주 부정적으로 나타난다는 것**을 보여준 것입니다. 앞선 해리 할로의 연구와 에드워드 데시의 연구 결과를 비교하면 그 교훈이 거의 유사합니다. 보상을 주면 잠깐은 효과가 나오지만 곧 더 나빠진다는 거죠.

＊

내적 동기의 중요성

이번에는 내적 동기의 중요성을 다룬 마크 레퍼Mark Lepper의 연구를 하나 보겠습니다. 연구자는 스탠포드에 살고 있는 40~60개월 사이의 유치원생 51명을 선발해서 여러 가지 놀이가 있는 방에 모아놓았습니다. 그리고 조건을 세 가지로 나누어 아이들을 배치하고, 각각의 그룹에게 다음과 같은 내용을 처치하였습니다.

> 그룹 A: 그림을 잘 완성하면 상을 주는 그룹
> 그룹 B: 그림 그리는 것에 대한 상이 있다는 것을 이야기해주지 않은 그룹
> 그룹 C: 상이 있다고는 이야기하지 않고 나중에 상을 주는 그룹

이 상태에서 아이들이 얼마나 오랜 시간 동안 그림을 그리고 있는지 측정했습니다. 첫날에는 위의 조건에 맞추어 그림을

그리게 하고, 며칠 후 다시 똑같은 방에 와서 자율적으로 그림을 그리는 시간을 측정했습니다.

그림 활동에 사용하는 시간 비율(%)

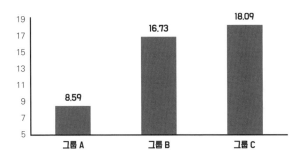

이 도표는 며칠 후 다시 방에 왔을 때 아무런 지시가 없는 상태에서 스스로 그림을 그리는 데 쓴 시간을 측정한 것입니다. 보상을 약속한 A그룹은 전체 시간 중 8.59%의 시간 동안만 그림 그리는 행동을 합니다. 보상이 아예 없던 B그룹은 전체 시간 중 16.73%의 시간 동안 그림을 그립니다. 그리고 나중에 보상을 한 C그룹은 18.09%의 시간 동안 그림 그리는 활동을 합니다. B그룹과 C그룹은 통계적으로는 차이가 없지만, 아주 상을 안 주는 것보다는 나중에 주는 경우가 조금 더 효과가 나온다는 것을 보여주고 있습니다.

어떤 교훈을 얻을 수 있나요? 아이들에게도 보상을 약속하면 그 대상에 대한 자발적 동기가 오히려 떨어진다는 것입니다. 원숭이든 아이든 상관없이 외부의 보상이 주어지면 오히려 그 일 자체에 대한 선호도가 떨어지고 있습니다. 이유는 무엇일까요? 그것은 외적 보상에 주의가 집중되기 때문입니다. 어떤 아이에게 문제를 풀 때마다 사탕을 준다면, 그 아이는 문제 자체보다는 사탕에 더 많은 관심이 가는 것과 동일한 맥락입니다. 그러니까 사람을 진정으로 성장시키고 싶다면, 외적 보상을 주는 것에 주의를 기울여야 할 것입니다.

*

~를 하면 ~를 해줄게

우리가 흔히 어떤 일을 할 때 자주 사용하는 말입니다. "네가 어떤 일을 하면 무엇을 해줄게." 그런데 이런 약속을 하면 어떤 일이 생깁니까? 지금까지 다룬 연구 내용을 종합하면, 보상에 대한 중요성이 높아져서 생각이 다른 곳으로 빠져나가고, 목표가 바뀌고, 처음의 의도를 잊어버리게 되고, 오직 단기적인 효과에 한

정되어 장기적으로는 오히려 더 나쁜 결과에 빠지게 될 확률이 높아집니다. 그러니까 잘되게 하려고 보상 제도를 사용하지만, 까딱 잘못하면 오히려 독이 될 수 있는 것입니다. 조심해야 합니다. "~를 하면 ~를 해줄게." 이 말은 잠깐은 효과를 유도하겠지만, 장기적으로는 부정적으로 작용합니다.

그렇다면, 무엇이 필요할까요?

일반적으로 성공하는 사람들에게는 세 가지 조건이 필요하다고 합니다.

1. 내적 동기Intrinsic Motivation
2. 문제 해결 능력Ability of Problem Solving
3. 인내력Endurance

생각해보면 아주 합당한 3가지 조건입니다. 내적 동기가 없으면 시작할 수 없고, 능력이 없으면 문제 해결을 할 수 없고, 인내력이 없으면 버텨내질 못하기 때문입니다.

이 3가지 모두 중요하겠습니다만, 그중에서 가장 중요한 것을 고르라면 바로 내적 동기입니다. 내적 동기가 높으면 문제 해결 능력과 인내력을 갖추기가 상대적으로 쉬워집니다.

여러분이 조직의 리더라면,
직원들이 내적 동기를 갖도록
해주어야 합니다.

**여러분 스스로가
내적 동기가 높은 상태에
있어야 할 것입니다.**

여러분이 팀원이라면,
하고 있는 일에 대해서 내적 동기를 가져야 합니다.

내적 동기만이 근본적인 문제를
해결할 수 있기 때문입니다.

만약 여러분이 부모라면, 자녀들의 내적 동기를 높이는 방향으로 접근해야 합니다. 만약 외적 보상을 계속 사용한다면 잠깐은 성과를 낼 수 있지만, 장기적으로는 반대의 효과가 나타날 수 있기 때문입니다. 칭찬을 하거나 보상을 준다면, 사전보다는 사후에 주는 것이 더 효과적일 것입니다.

커다란 스테이크는
큰 실수를 부릅니다.

·

·

·

6600원을 받으면
66원을 받을 때보다
더 성과가 좋을까요?

3.
보상은 많을수록 좋다?

보상 많이 받는 걸 싫어하는 사람이 있을까요? 그런데 보상이 증가하면 성과도 비례해서 증가할까요? 지금부터 아주 매력적인 논문을 한 편 살펴보겠습니다. 댄 애리얼리Dan Ariely의 「Large Stakes and Big Mistakes」입니다. '큰 스테이크가 큰 실수를 부른다'라는 제목이 아주 흥미롭네요. 제목처럼 보상을 많이 주면 더 큰 실수가 나올까요?

*

연구 설계

댄 애리얼리는 보상을 많이 주는 것이 좋은지, 적게 주는 것이 좋은지 알아보고자, 상대적으로 임금이 저렴한 인도의 성인들을 대상으로 실제 상황을 만들어 연구를 진행하였습니다. 댄 애리얼리는 인도 사람들에게 익숙하지 않은 6가지의 다양한 게임 과제를 주고 세 가지 조건으로 그룹을 나누었습니다.

> 그룹 A: 목표 달성 시 4루피 제공 약속
> 그룹 B: 목표 달성 시 40루피 제공 약속
> 그룹 C: 목표 달성 시 400루피 제공 약속

당시 인도 노동자들의 평균 일당이 약 4루피 정도였다고 합니다. 그러니까 게임을 해서 목표를 달성하면 A그룹은 하루 노동의 대가만큼의 돈을 벌 수 있습니다. B그룹은 10일치 임금에 해당하는 돈을 받고, C그룹은 100일치 임금에 해당하는 큰돈을 받을 수 있습니다. 하루 정도 간단한 게임을 하고 100일치 임금을 벌 수 있다면 얼마나 큰 보상이겠습니까? B그룹이나 C그룹에 배치된 피험자들은 목표를 달성하기 위해 훨씬 더 집중할 것으로 예상됩니다.

*

더 큰 보상이 더 큰 실수를 부른다

내가 받는 돈의 100배에 해당하는 금액을 벌 수 있다면 눈에 불

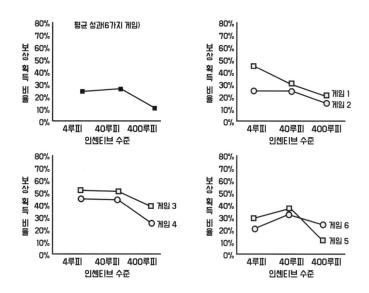

을 켜고 열심히 할 것이라는 게 우리의 일반적인 생각입니다. 하지만 실제 결과는 정반대로 나타났습니다. 6개 게임 모두 일관되게 상금을 많이 주면 성과가 떨어지는 것으로 나타났습니다.

이유가 뭘까요? 그것은 역시 외적 보상으로 주의가 분산되었기 때문입니다. **보상이 크게 제공되면 제공될수록 외적 동기가 급격히 상승해서 주의가 분산되고 목표가 변경됩니다. 내적 동기가 고갈되면서 자체 성과가 하락하는 거죠. 결국**

보상은 그 효과가 생각보다 크지 않고 단기적으로만 유효합니다.

*

1kg을 감량할 때마다 50달러씩 지급한다면?

만약 1kg을 감량할 때마다 50달러씩 지급한다면, 다이어트 효과는 얼마나 좋아질까요? 이번에는 댄 애리얼리가 금전적 보상과 다이어트의 관계를 추적한 연구를 살펴보겠습니다. 시카고 지역에서 20대부터 60대까지 참가자를 모집해서 4개월간 추적 관찰을 하면서, 1kg을 감량할 때마다 50달러씩 지급했습니다. 이 연구는 3주간 진행되었는데, 3주 내내 목표 감량에 성공했을 때 한 그룹에게는 175달러를 제공하고, 또 한 그룹에게는 50달러를 제공하기로 했습니다. 그러니까 큰 보상을 주는 그룹, 작은 보상을 주는 그룹으로 구분하여 진행한 것입니다. 그 결과는 어떻게 나왔을까요?

결과는 큰 보상을 주면 결과적으로 다이어트에 실패하고, 적은 보상을 주면 상대적으로 성공할 확률이 증가하는 것으로 나타났습니다. 그래프를 살펴보자면, 그래프 위쪽의 실선은

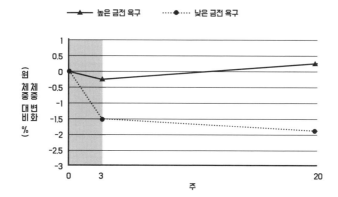

175달러를 받는 사람들이고 아래쪽 점선은 50달러를 받는 사람들입니다. 3주간 체중의 변화도 50달러를 받는 사람들이 더 많았지만, 20주 후 결과는 어떻습니까? 50달러를 받는 사람들은 지속적으로 체중 감량을 한 반면, 175달러를 받는 사람들은 오히려 체중이 증가한 결과를 보였습니다. 말 그대로 요요가 벌어진 것이죠.

처음부터 지금까지의 실험 결과들이 일관되게 나오고 있습니다.

연령대, 성별, 인간, 동물 할 것 없이
보상이 강화되면 보상에 주의가 가게 되고
처음의 목적을 상실하는 일이 벌어진다는 겁니다.

첫 번째 결론은
내적 동기 없이는
원래의 목표를
이루어내기가 어렵다는
것입니다.

그렇다면, 이런 질문을 해볼 수 있습니다.

외적 보상은 전혀 필요 없는 것일까요?

새로운 일을 하는 직원들에게

보상으로 접근하지 마세요.

보상은 익숙한 일을 할 때만
효과적입니다.

4.
보상의 조건

지금까지 살펴본 바로는 대부분의 조건에서 외적 보상이 있으면 단기적으로는 효과가 나타나지만, 시간이 지나면 처음의 목적을 상실하고 성과도 줄어들었습니다. 그러면 외적 보상은 전혀 효과가 없는 것일까요? 아니면 어떤 조건이 갖춰졌을 때 외적 보상이 유효하게 될까요? 과제를 둘로 나누어보겠습니다.

*

익숙한 과제와 처음 보는 과제

결론부터 말씀드리면 익숙한 과제는 외적 보상이 효과적이지만, 처음 보는 과제의 경우 외적 보상이 효과적이지 않다는 것입니다. 익숙한 과제는 무엇일까요? 예를 들어 재단사가 원단을 자르는 일, 재봉사가 재봉틀을 계속 돌리는 것, 조립이나 도색처럼 반복적인 일을 말합니다. 단순 반복 작업은 머리를 쓰며 생각해야 할 일이 별로 없습니다. 그래서 외적 보상이 들어오더라도 주의를 빼앗기지 않죠. 이럴 경우에는 외적 보상이 어느 정도 효과가 있습니다.

*

촛불 실험Candle Experiment

1945년부터 2012년까지 무려 67년간 진행되었던 촛불 실험을 소개해드리겠습니다. 처음 연구는 1945년 칼 던커Karl Dunker가 진행했습니다. 성냥과 상자에 담긴 압정, 양초를 주고 이 초를 벽에 붙이라는 과제를 줍니다. 단, 조건이 하나 있는데, 그것은 촛농이 바닥에 떨어지면 안 된다는 것입니다. 여러분도 한번 생각해보세요.

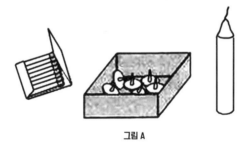

그림 A

초를 벽에 붙이는 게 과제입니다. 이 과제를 받은 피험자들은 어떤 생각이 맨 처음 떠오를까요? 피험자들은 가장 먼저 압정을 들고 초를 벽에 붙이려고 합니다. 하지만 압정의 침이 초의 지름보다 짧아서 벽에 닿지도 않습니다.

그러고 나면 그다음에는 성냥불로 초를 녹여 벽에 붙이려고 합니다. 하지만 이 방법을 쓰면 촛농이 바닥에 떨어지게 됩니다. 처음에 시도했던 방법들이 그리 성공적이지 못하다는 것을 깨닫고, 일정한 시간이 지나고 나면 다음과 같은 정답을 찾게 됩니다.

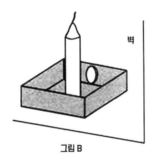

그림 B

원하는 조건에 부합하는 정답은, 압정이 담긴 상자를 압정으로 꽂아 벽에 붙이고 그 상자 안에 초를 세우는 방법입니다.

대부분의 경우, 처음에는 문제가 풀리지 않다가 시간이 지나고 나면 해결책이 떠오릅니다. 그 이유는 무엇일까요? 그것은 바로 익숙한 정보와 익숙하지 않은 정보의 차이 때문입니다. 그림 A를 보면 상자 안에 압정이 들어 있습니다. 이때 상자는 단지 압정을 담고 있는 보조적 역할을 하고 있습니다. 즉 그 자체가 중요한 역할을 담당하지는 않는 것이죠. 사람은 익숙한 정보를 먼저 탐색합니다. 초를 벽에 붙이는 상황에서 익숙한 정보는 압정이나 성냥을 쓰는 일입니다. 처음에는 상자를 이용할 생각을 전혀 못하다가, 여러 번의 실패를 거듭하고 난 후 비로소 상자가 눈에 들어오게 되고 문제를 해결할 수 있게 됩니다.

*

보상이 주어지면 (실험 1)

칼 던커 이후 1962년에 샘 글럭스버그Sam Gluckberg가 동일한 소재로 보다 더 재미있는 연구를 추가 진행했습니다. 칼 던커의 촛불 실험과 똑같은 상황에 보상을 추가한 것입니다. 샘 글럭스버그는 피험자를 보상을 주는 집단과 주지 않는 집단으로 구분했습니다. 초를 벽에 빨리 붙이는 사람에게 상금을 주겠다고 한 것입니다. 특히 상위 25%에게 5달러, 상위 5%에게는 20달러의 상금을 제공하겠다고 약속했습니다

보상을 건 집단은 초를 벽에 붙이는 데 평균 11분, 보상을 걸지 않은 집단은 7분 30초 정도가 걸렸습니다. 보상이 있는 집단은 16번 실수를 하고, 보상이 없는 집단은 10번 실수를 합니다. 그러니까 처음 접하는 문제를 풀 때는 보상이 걸리면 문제를 푸는 시간도 더 오래 걸리고, 실수도 더 많이 하는 겁니다.

	보상 있음	보상 없음
평균(분)	11.08	7.41
실수(회)	16	10

상황이 바뀌면 어떨까? (실험 2)

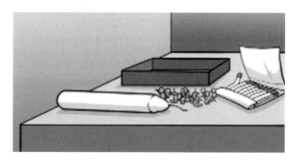

샘 글럭스버그는 두 번째 실험에 들어갔습니다. 첫 번째 실험과 똑같은 문제지만 한 가지가 달라졌습니다. 이번에는 압정을 상자에 담지 않고 상자와 따로 놓았습니다. 어떤 의미일까요? 압정을 상자에 담아주면 상자는 보조 재료로 인식됩니다. 하지만 압정과 상자를 따로 놓으면 상자 역시 다른 재료들과 같은 주재료가 되는 겁니다. 박스는 우리가 생각하는 익숙한 재료가 되죠. 이 상황에서 보상 유무에 따라 걸리는 시간과 실수를 측정했습니다.

	익숙하지 않은 문제 상황		익숙한 문제 상황	
	보상 있음	보상 없음	보상 있음	보상 없음
평균(분)	11.08	7.41	3.7	4.9
실수(회)	16	10	2	6

실험 1과 실험 2의 결과를 함께 보면 차이가 느껴지나요? 실험 2에서 보상이 있는 집단은 문제를 푸는 데 평균 3.7분, 보상이 없는 집단은 4.9분이 걸립니다. 익숙한 상황에서는 보상을 주니 성과도 좋아지고 실수도 적어졌습니다.

즉 우리가 해결해본 적이 없는, 익숙하지 않은 문제에 접근할 때 보상을 걸면 관점이 좁아지고, 시간 압박을 느끼게 되고, 허둥지둥하다가 실수도 더 많아지고 시간도 더 오래 걸리게 됩니다. 그러나 익숙한 상황에서는 보상을 걸면 더 좋은 효과가 나옵니다. 그러니까 익숙한 해답을 찾을 때는 보상이 긍정적 효과가 있고, 새로운 해답을 찾는 상황에서 보상은 부정적 효과로 작용한다는 겁니다.

어떤 함의가 있을까요? 개인, 조직, 회사에서 익숙한 해답을 찾는 경우와 새로운 해답을 찾는 경우 외적 보상에 대한 접근이

TOPIC 1. 리더십, 동기 부여의 미학

달라져야 한다는 것입니다.

익숙한 해답을 찾을 때에는
외적 보상이 효과적이고,
새로운 해답을 찾을 때에는
외적 보상이 비효과적입니다.

단순 반복 작업을 하는 사람들에게
보상을 걸면 생산성 향상으로 나아갑니다.
반면 처음 보는 문제를 해결하는
업무를 하는 사람들에게 보상은 독이 됩니다.

＊

단순 업무와 보상에 관한 두 번째 연구

하나의 연구만 보고 외적 보상이 독이 된다고 하기에는 근거가 다소 부족합니다. 그래서 댄 애리얼리의 연구를 하나 더 보겠습니다. MIT 공과대학 학생들을 대상으로 단순한 업무를 하는 실험을 진행했습니다.

"아래 내용을 최대한 빨리 입력하세요."

vnvnvnvnvnvnvvnvnvnvnvnvnvvnvnvnvnnvnvnvnvnvnvn
vnvnvvnvnvnvnvnvvnvnvnvnvnvvnvnvnvnvnvnvvn
vnvnvnnvnvnvnvnvnvnvnvnvnvnvnvvvnvnvnvnv
nvnvnvnvnvnvnvnvnnvnvnvnvnvnvnvnvvnvn
vnvnvnvvvnvnvnvnvnvnvvnvnvnvnvnvvnvnvnnvn
vnvnvnvnvnvnvnvnvnvvvnvnvnvnvnvnvvnvnv
nvnvnvnvnvnvnvnvnvnvnvnvvnvnvnvnvnvnv
vvnvnvnvnvvnvnvnvnvnvvnvnvnnvnvnvnvnvnv
nvnvnvnvnvvvnvnvnvnvnvnvnvnvnvnvnvnvnvv
nvnvnvnnvnvnvnvnvnvnvnvnvvnvnvnvnvnvnvv

v와 n 키를 번갈아 가면서 입력하는데, 중간에 같은 키가 중
복되기도 해서 아주 헷갈립니다. 하지만 아무 생각 없이 그저 보
고 똑같이 치기만 하면 되는 단순한 과제입니다. 조건은 두 가지
입니다. 한 집단에게는 더 정확하게 많이 치는 사람에게 300달
러, 다른 한 집단에게는 30달러를 주겠다고 했습니다.

결과입니다. 30달러를 주는 집단의 업무 성과를 100으로 했
을 때, 300달러를 주는 집단의 업무 성과가 195입니다. 이 연구

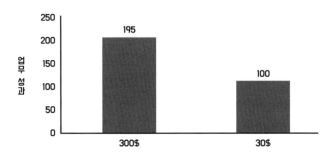

단순 업무의 보상 효과

250
200 — 195
150
100 — 100
50
0

업무 성과

300$ 30$

는 MIT 공대생들을 대상으로 진행한 실험입니다. 그러니까 아무리 똑똑한 사람들일지라도 단순 업무에서는 보상을 주면 성과가 높아지게 됩니다.

*

조금 복잡해지면

이번에는 조금 복잡한 과제를 제공해보겠습니다. 12개의 숫자를 주고 더해서 10이 되는 숫자 두 개를 고르는 과제입니다. 여러분도 한번 해보십시오. 생각보다 쉽지 않습니다. 이 실험 역시 MIT 공대생들을 대상으로 진행했고, 두 집단으로 구분하여 300달러

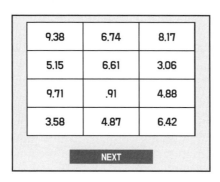

9.38	6.74	8.17
5.15	6.61	3.06
9.71	.91	4.88
3.58	4.87	6.42

NEXT

와 30달러를 지급하기로 했습니다. 정답을 맞히면 다음 문제가 나오는데, 주어진 시간 내에 얼마나 많은 문제를 풀었는지 확인하는 겁니다. 소수 두 자리 숫자로 이루어져 있어 계산이 꽤 까다롭습니다.

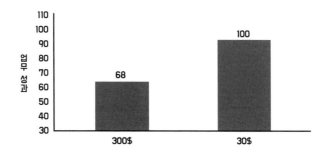

복잡한 업무의 보상 효과

결과는 어떻습니까? 30달러 지급 그룹의 성과를 100으로 했을 때, 300달러 지급 그룹의 성과가 68입니다. 처음 보는 문제 상황에서는 보상을 높게 제시하면 오히려 성과가 떨어지는 것입니다.

보상에 대한 실험을 종합하면 다음과 같습니다.

보상을 걸면
사람들의 주의가 분산됩니다.
그 결과
처음에 중요하게 생각했던 것을
잊어버립니다.

동물이건 사람이건, 유치원생이건 대학생이건,

인도 사람이건 미국 사람이건,

똑똑하건 그렇지 않건, 결과에 차이가 없습니다.

보상이 효과를 볼 수 있는 조건은
바로 익숙한 과제, 단순한 업무입니다.
익숙한 과제를 할 때
보상은 효과적입니다.

유동적이고
불확실하고
복잡하고
애매모호한 미래

.

.

어떻게 대응하시겠습니까?

5.
내적 동기 강화:
의미를 깨닫게 하라

외적 동기를 강화하는 것은 단기적이거나 제한적 조건에서만 효과를 볼 수 있습니다. 반면 우리가 해야 하는 것은 아주 근본적인 내적 동기를 강화하는 일입니다.

동기 부여에 관한 연구를 많이 하는 펜실베이니아 대학의 애덤 그랜트Adam Grant의 연구를 살펴보겠습니다. 그의 연구에 따르면 단 5분 만에 동기 부여를 할 수 있다고 합니다. 그 방법은 무엇일까요? 그것은 바로 자신이 해야 하는 일의 의미를 깨닫게 하는 것입니다. 그에 따르면, 5분만 투자해서 일의 의미를 깨닫게 하면 내적 동기가 높아지고, 그 결과 성과가 적어도 171% 좋아진다고 합니다.

애덤 그랜트가 정리한, 의미를 깨닫게 하는 방법은 2가지로 구분됩니다.

1. **시작**과 **끝**을 알게 하는 것.
2. **가치**를 **스스로** 알게 하는 것.

내가 하고 있는 일의 시작과 끝을 알게 하고, 그 일이 궁극적으로 어떻게 사용되고 작용하는지 그 가치를 스스로 느끼게 해준다는 겁니다. 그리고 이걸 하려면 리더의 노력이 들어갑니다. 리더가 수고스러운 작업을 해야 합니다. 리더가 간단히 하는데 직원들이 알아서 하는 건 없습니다. 수고스럽지만 리더가 노력을 기울여야 합니다. 그의 실험을 간략하게 살펴보겠습니다.

*

실험 설계

애덤 그랜트는 장학금 모금 업무를 하는 콜센터 직원들을 대상으로 실험을 했습니다. 보통 콜센터 직원들은 동기 부여 수준이 낮은 편입니다. 그래서 이들에게 일의 시작과 끝을 알게 하고 가치를 알게 했을 때, 성과가 어떻게 변하는지를 측정했습니다.

먼저 세 개의 그룹으로 나눕니다. 그룹 A는 스티브 잡스처럼 일의 시작과 끝, 가치를 느끼게 해주는 집단입니다. 그룹 구성원들은 장학금을 받은 학생들을 만나 5분간 대화를 하면서, 자신이 모금한 장학금이 누구에게 가고, 또 장학금을 받은 학생들의

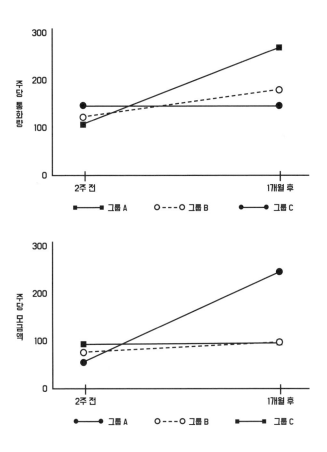

TOPIC 1. 리더십, 동기 부여의 미학

삶이 어떻게 변했는지 알게 됩니다.

그룹 B는 장학금을 받은 학생들로부터 편지를 받게 했고, 그룹 C는 아무런 이야기 없이 원래 하던 대로 장학금 모금 업무를 진행한 집단입니다.

아주 놀라운 결과가 나왔습니다. A그룹은 장학금을 받은 학생들과 단지 5분 만났을 뿐인데 성과가 171% 상승합니다. 앞쪽의 그래프에서 위는 시간당 모금 성공률, 아래는 일주일 기준으로 전체 기부 금액입니다. B그룹과 C그룹은 차이가 거의 없습니다. 편지를 받는 것으로는 동기 부여가 확실하게 되지 않습니다. 만나서 5분만 이야기하면 일하는 사람들의 머릿속에 일의 시작과 끝, 가치에 대해 그림이 확실하게 그려지는 겁니다.

같은 연구를 스포츠센터 직원들, 구조요원들, 엔지니어들에게 확장해서 진행했을 때도 결과는 같았습니다. 5분 정도 간단하게 업무의 중요성을 알려주고, 누구를 위해 하는 일인지, 어떤 영향을 주는지 등에 대해서 알려줬습니다. 그러고 나서 성과를 측정하니 무려 300%가 증가했습니다.

결국

일하는 사람들이
알고서 일하게 하라는 것입니다.
그것만으로도 성과는 올라갑니다.

일하는 사람이
스스로 결론을 내리게 하는 것

.

.

.

리더의 역할입니다.

6.
내적 동기와 기업 성과

내적 동기를 높이는 것이 정말 기업 성과에 영향을 줄까요? 애덤 그랜트가 또다시 콜센터 직원들을 대상으로 연구를 했습니다. 미국 중서부에 위치한 평균 6개월 이상의 경력이 있는 302명의 콜센터 직원들을 대상으로 연구를 진행했습니다.

연구에서 다룬 독립변수는 크게 2가지입니다. 하나는 내적 동기를 높이거나 낮추거나이고, 또 다른 하나는 외적 동기를 높이거나 낮추거나입니다. 먼저 각각의 변수에 대한 설명을 하겠습니다. 내적 동기를 높이는 경우는 '고객의 문제 해결을 돕자, 타인의 인생에 영향을 주자'와 같은 주제에 대하여, 관련된 문제를 같이 찾고 토론하게 하는 경우입니다. 이들은 팀의 성과가 나지 않는 이유에 대해서 찾아보고, 그 문제의 원인과 해결 방법에 대해 모두 함께 토론하고, 대안을 찾고, 실행하고, 그 결과에 대해 스스로가 피드백하게 했습니다. 그러니까 팀장이 혼자서 문제를 해결하는 것이 아니라 팀원들과 함께 고민하고 솔루션을 도출하고 그 결과를 공유한 그룹입니다.

또 다른 변수인 외적 동기를 높이는 조건은 다음과 같습니다. 직원 한 사람당 200콜을 하도록 과제를 주고, 성공률이 높을수록 일정 수준의 보상을 제공했습니다. 즉 최종적으로 구분된 집단은 내적 동기가 높은 경우와 낮은 경우, 그리고 외적 동기가 높은 경우와 낮은 경우, 이렇게 4개 그룹이고, 이들에게 일정한 전화 판매를 진행하게 해서 그 성공률을 측정했습니다.

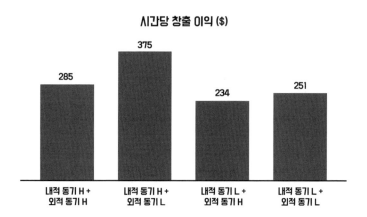

시간당 창출 이익 ($)

내적 동기 H + 외적 동기 H	내적 동기 H + 외적 동기 L	내적 동기 L + 외적 동기 H	내적 동기 L + 외적 동기 L
285	375	234	251

결과는 어떻게 나왔을까요? 이들 4개 그룹의 시간당 창출 이익을 조사해보니, 이익이 가장 높은 집단과 가장 낮은 집단은 140% 정도의 차이를 보입니다. 가장 높은 집단은 내적 동기가 높고 외적 동기가 낮은 집단입니다. 즉 스스로의 동기는 높고 외적 보상은 낮은 집단이 기타 집단과 비교하였을 때 더 높은 성과를 보였습니다. 우리가 보통 보상을 줘야 성과가 올라간다고 생각하지만, 실제로 보상이 들어가면 결과는 반대로 나타나는 경우가 직접 증명된 것입니다.

*

가능하다면 목표 설정도 스스로

이번에는 위의 연구와 똑같은 패턴인데 설정을 하나 더 추가했습니다. 목표 수립과 관련한 상황입니다. 목표를 스스로 결정하는 경우와 회사에서 목표를 정해주는 경우로 나눈 겁니다. 앞의 실험에서 언급한 4개 그룹을 대상으로 스스로 목표를 설정하게 하고, 실제의 영업 성과를 측정했습니다.

결과는 흥미롭게도 이전 연구 결과와 동일하게 도출되었습니다. 내적 동기가 높고 외적 동기가 낮은 집단이 스스로 목표를

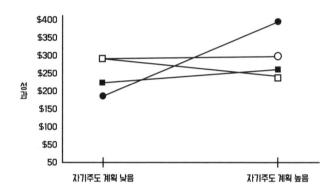

정했을 때는 퍼포먼스, 성과가 월등히 높아지는 것으로 나타났습니다. 회사에서 목표를 정해주지 않으면 일을 안 할 것 같지만, 직원들이 스스로 알아서 정하면 더 높은 성과가 나오는 것이죠. 그렇다면 어떤 것이 더 효과적이겠습니까? 회사의 성과 목표를 설정할 때도, 회사에서 정해주는 것보다 직원들 스스로 높은 목표를 세울 수 있도록 가이드해주는 게 좋습니다.

"우리 회사의 내년 매출 목표는 800억 원입니다. 그러려면 이렇게 해야 합니다"라고 리더가 결정을 하면 자율적 목표 수준이 낮은 상황이 되는 겁니다. 대신에 다음과 같은 방향이 더 효과적일 것입니다.

"나는 금년보다 내년이 훨씬 더 상황이 좋아질 것이라고 생각합니다. 팀장님들은 목표를 어느 정도로 설정할지 생각해보시고, 그 목표를 이루기 위해 무엇을 할지 토론을 해봅시다."

자신이 아니라 일하는 사람들이
스스로 결론을 내도록 유도하는 것이
성과를 높이기 위한 리더의 역할입니다.

*

내적 동기 강화 법칙

스스로 문제를 발견하게 하라.
팀별로 문제 해결 방법을 직접 찾게 하라.
공동의 해결책을 탐색하게 하라.
적절한 피드백을 제공하라.
성공 시 적당한 수준으로 칭찬하라.

솔루션을 발표하게 하라.
조직 차원으로 학습하게 하라.

이때 피드백은 피드백을 받는 사람의 내적 동기가 올라갈 수 있도록 스스로 목표를 설정하게 하는 방향이 더 효과적입니다. 예를 들어, "성과를 12% 올리세요"보다는 "나는 이것보다 조금 더 높일 수 있다고 생각합니다. 얼마로 하시겠습니까?"라고 돌려서 이야기하는 게 더 좋다는 것입니다.

성공했을 때 적당한 보상도 주면 좋겠습니다. 그러나 이때 역시 너무 많은 보상은 오히려 독이 될 수 있다는 점을 염두에 두어야 합니다. 그리고 문제 해결의 노하우도 회사 전체 차원으로 전이될 수 있도록 내부 교육을 강화해야 합니다. 그래야 조직이 학습이 되고 성장하게 됩니다.

'상사가 할 일은 직원을 평가하는 것이 아니라
스스로 최고의 성과를 내도록 안내하는 것이다.'
_새뮤얼 컬버트

새 얼굴 효과 :

새로운 사람을 만나면 문제 해결력이 높아진다

장은 묵을수록 제맛이라고 합니다. 사람 사이의 관계도 오래될수록 더 좋아질까요? 그럴 수도 있고 아닐 수도 있습니다. 좋은 관점으로 본다면, 사람 사이의 관계는 오래될수록 상호이해, 상호신뢰가 증가하여 보다 더 긍정적인 결과를 도출할 수 있을 것입니다. 그러나 그 반대로, 사람 사이의 관계가 오래될수록 서로에 대한 호기심이 떨어져, 대충 생각하고 형식적으로 행동해 부정적인 결과를 도출할 수도 있을 것입니다. 여러분은 어떤 해석이 보다 더 타당하다고 생각하시나요?

이 문제는 비단 개인의 생활뿐 아니라, 기업 입장에서도 중요한 의미를 가집니다. 특정 부서에 동일한 사람들을 오랫동안 배치하는 것이 좋을까요? 아니면 새로운 사람을 배치하는 것이 좋을까요? 이것은 사람 사이의 관계가 오래되면 어떤 일이 벌어지는가에 대한 연구를 살펴보면 그 방향성이 조금 더 분명해집니다. 동일한 사람을 오랫동안 보면 어떤 일이 벌어지는지에 대한 흥미로운 연구 세 가지를 살펴보고 그 시사점을 찾아보 겠습니다.

스위스 바젤 대학교의 벤자민 샤이베헤네 연구팀은 오랜 기간 만나 온 커플과 짧은 시간 동안 만난 커플 58쌍을 대상으로 서로에 대한 정보 처리가 어떻게 변화하는지, 서로에 대한 행동 예측에 변화가 있는지 등을 살펴보았습니다. 조사 대상자들은 크게 두 그룹인데, 한 그룹은 2년 정도 만난 짧은 만남 커플이고, 또 다른 그룹은 10년 이상 만나온 오랜 만남 커 플입니다. 이들 2개 그룹의 커플들에게 40가지 음식, 40가지 영화, 38가지 주방 디자인을 제시하고, 자신의 파트너가 제시된 음식, 영화, 주방 디자 인을 어떻게 생각할지 예측하게 했습니다. 그러니까 만남의 기간에 따라 상대방의 행동 예측이 얼마나 변화하는지를 살펴본 것입니다.

측정은 총 4가지 차원으로 진행되었습니다. 1. 전혀 좋아하지 않을 것이다. 2. 별로 좋아하지 않을 것이다. 3. 꽤 좋아할 것이다. 4. 매우 좋아 할 것이다. 어떤 대답을 하더라도 응답자의 25%는 정답을 맞힐 수 있는 수준입니다. 이제 결과를 살펴봅시다. 만남을 지속해온 시간에 따라 상대 방의 행동에 대한 예측 정확도는 어떻게 변화되었을까요?

흥미롭게도 만난 지 2년 정도 되는 커플은 상대방의 기호를 예측하는 데 42%의 정확성을 보였고, 만난 지 10년 이상 된 오래된 커플은 36% 정

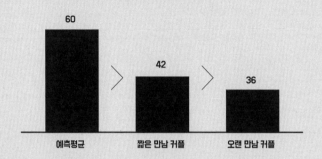

파트너 기호 맞힘 : 정확도 (%)

도 맞혔습니다. 이 수치는 통계적으로 유의미한 차이를 보이고 있습니다
(p<.05). 연구자들은 예측 정확도를 주방용품, 영화, 음식으로 세분하여 살
펴보았는데, 역시 모든 영역에서 오래된 커플의 예측 정확도가 떨어지고
있었습니다.

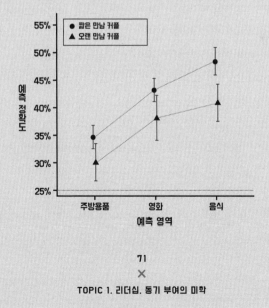

TOPIC 1. 리더십. 동기 부여의 미학

왜 이런 일이 일어나는 것일까요? 세 가지 차원에서 설명이 가능합니다. 첫째는 시간이 오래될수록 서로에 대한 동기가 떨어지기 때문입니다. 처음에는 상대방에 대한 호기심이 커서 서로 이해하려 노력하지만, 시간 경과에 따라 동기 수준이 떨어지고, 그 결과 새로운 정보 교환도 적어지게 됩니다. 그래서 건성건성 생각하게 되고, 상대방의 기호와 행동에 관심이 떨어지는 거죠.

두 번째는 익숙한 패턴으로 상대방을 이해하기 때문입니다. 오랜 세월 동안 익숙해진 커플은 서로에 대하여 척 보면 안다고 생각합니다. 그 결과 진짜 중요한 정보를 놓치는 경우가 많아집니다. 이렇게 되면 큰 변화가 아닌 작은 변화에 대하여는 기존의 익숙한 패턴대로 인식하려 합니다. 그렇게 되면 역시 상대방의 기호와 행동 예측의 정확성이 떨어지겠죠.

세 번째는 커플의 관계가 오래되면, 서로에게 악의 없는 거짓말을 보다 더 쉽게 하고 진솔한 대화를 줄이려는 성향이 증가하게 됩니다. 오래된 관계이다 보니 구구절절 얘기하기보다는 적당한 선에서 타협하려고 하는 거죠. 이것이 반복되면 상호이해가 줄어들고, 예측력도 떨어지게 됩니다.

또 하나 재미있는 점은 자신이 파트너의 기호를 맞힐 수 있다고 보는 비율이 60%였다는 점입니다. 즉 맞힐 수 있을 거라 자신했는데, 실제 결과는 틀린 사람들이 꽤 있었다는 것이죠.

이 연구에서 얻을 수 있는 교훈은 크게 두 가지입니다. 첫째는 오래 만나면 호기심이 떨어지고 예측력도 떨어진다는 것, 둘째는 자신은 상대방에 대한 이해도와 예측력을 높게 평가하지만, 실제는 그렇지 않다는 것입니다. 장은 오래될수록 제맛을 내지만, 사람 사이는 꼭 그런 것은 아닙니다. 경우에 따라서는 현명해지기도 하지만, 또 다른 경우에는 둔감해지고 건성으로 대하게 되어, 상호이해가 떨어지고 행동 예측력도 떨어지게 됩니다.

이런 현상은 비단 남녀 간에만 벌어지는 일이 아닙니다. UC버클리 대학교의 네메스 교수에 따르면, 사람과 사람 사이 모든 조건에서 이와 비슷한 일이 벌어집니다. 기업의 조직에 동일한 사람과 오래 함께 있으면, 역시 서로에 대한 호기심과 긴장감이 떨어져 좋은 아이디어나 문제 해결력이 떨어지게 됩니다.

그렇다면 어떻게 하는 것이 좋을까요? 노스웨스턴 대학교의 레이 톰슨 교수의 연구에 따르면, 같이 일하는 팀에 한 명이라도 새로운 사람이 들어오면 그 즉시 조직원의 동기 수준이 높아지고, 새로운 정보 탐색량이 증가해, 더 좋은 아이디어와 성과를 만들어낼 수 있다고 합니다.

관계가 오래될수록 좋은 결과가 나올 수도 있지만, 그렇지 않을 수도 있습니다. 관계가 지속되면 서로에게 무덤덤해지고 정보를 처리하려는 동기가 낮아지기 때문입니다. 이런 현상은 개인 간의 관계뿐 아니라 기업의 조직 차원에서도 동일하게 벌어집니다. 어떻게 하는 게 좋을까요? 동기와 성과를 높이는 가장 간단하면서도 손쉬운 방법은 새로운 사람을 만나는 것입니다. 물론 커플이라면, 서로에 대한 새로운 노력이 필요하겠지요.

TOPIC 2.
셀프 리더십 정교화

당신의 직원들에게
일의 즐거움을
알려주세요.

1.
스스로 동기 부여하기

리더십의 궁극적 목표는 스스로에게 리더십을 제공해주는 겁니다. 리더십은 크게 두 가지입니다. 스스로가 성장하는 것, 스스로 성장해서 타인의 표상이 되는 것. 그래서 앞서 보았던 관점에서 내적 동기는 높이고 외적 동기는 낮추는 것이 필요합니다. 내적 동기가 높고 외적 동기가 낮을 때, 사람은 적극적으로 문제를 탐색하고 해결하기 위해 대응하며 피드백 수준도 높아집니다. 스스로 동기 부여 수준을 높이기 위해 노력하며, 팀원들 역시 동기부여 수준이 높아질 수 있도록 도와주는 것이 리더십의 궁극적인 목표일 것입니다.

*

시작과 끝을 알려주는 것은 효과가 있는가?

앞으로는 스스로 동기 부여 되고 핵심 능력을 갖추어 성장하는
셀프 리더십이 더욱 중요해질 것입니다. 어떻게 하면 동기 수준
과 핵심 능력을 높일 수 있을까요? 그 방법과 태도에 대한 이야
기를 해보겠습니다.

미국 예일 대학교의 해크먼Hackman 교수 연구팀은 프로그
램 키 펀칭Program key punching 작업자들을 대상으로 실험을 했
습니다. 반복적인 일이기 때문에 이직률이 높고 업무의 만족도
는 낮고 결근도 잦은 일입니다. 이 사람들에게 어떻게 해줘야 반
복적인 일임에도 불구하고 일에 임하는 자세를 좋게 만들고 성
과를 높일 수 있을지 고민했습니다.

그룹 A는 전통적인 직무 설계를 했습니다. 하루에 200건씩
펀칭하도록 업무 지시를 했습니다. 그룹 B는 펀치 카드를 수령
해서 완수할 때까지 스스로 계획을 짜보고, 검수를 어떻게 할 것
인지, 다른 팀과의 소통은 어떻게 할 것인지, 피드백과 최종 보고
는 어떻게 할지 스스로 정하도록 했습니다. 일하는 사람이 계획
을 세우면 리더가 가이드만 해주는 겁니다.

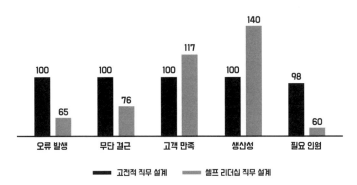

셀프 리더십 업무 성과 변화

	오류 발생	무단 결근	고객 만족	생산성	필요 인원
고전적 직무 설계	100	100	100	100	98
셀프 리더십 직무 설계	65	76	117	140	60

■ 고전적 직무 설계   ■ 셀프 리더십 직무 설계

　　검은색 그래프는 전통적 방식으로 업무 설계를 한, 즉 할당량을 내려준 그룹 A이고, 회색 그래프는 스스로 직무를 설계하도록 한 그룹 B입니다. 직무 설계를 하는 방법을 바꾸었을 뿐인데, 오류 발생은 35%가 줄고 무단 결근이 24%가 떨어졌습니다. 고객 만족도는 17%, 생산성은 40%가 증가했습니다. 동일한 작업에 필요한 인원은 98명에서 60명으로 줄었습니다.

　　팀원들과 이런 방법으로 일을 해보셨습니까?

시작과 끝을 알게 한다는 건
기본적으로 일에 대한 의미를
스스로 정하게 한다는 말입니다.
내가 하는 일이
어디에 어떻게 쓰이는지를 알고 일을 하니
그 자체로 책임감이 높아집니다.
책임감이 높아지면 성과가 높아지는 건
당연한 결과입니다.

*

리더가 고생해야 한다

그런데 스스로 의사 결정을 해서 성과가 높아지는 과정을 방해하는 결정적 요인이 있습니다. 리더가 그 과정을 지켜보고 있지 못하는 겁니다. 가족 내의 상황을 생각해보면 이해가 쉽습니다. 엄마가 자녀에게 "오늘 공부 몇 시간 할래?"라고 물으면 자녀가 얼마 동안 공부하겠다고 대답을 할 겁니다. 그래서 스스로 정해서 공부하도록 됐는데 막상 성적표를 보니 성적이 형편없는 겁니다. 그러면 견디지 못한 엄마는 자녀의 동기 수준을 높여주기는커녕 "너 오늘부터 몇 시간은 반드시 공부해"라고 압박을 주게 됩니다. 압박이 들어가는 순간 모든 내용은 망가져버리죠.

리더십이 잘 진행되려면 이런 시행착오를 리더들이 견뎌내야 합니다. **리더가 하지 말아야 할 행동이 두 가지가 있습니다. 본인이 결론을 내리거나, 단정적으로 이야기하면 안 됩니다.** 직원들이 아이디어를 냈을 때 "그게 아니라 이렇게 가는 게 좋아"라고 말해버리면 리더가 결론을 내버리는 게 됩니다. 그러면 상황은 거기서 종료됩니다. 단정적인 말하기가 팀원들을 더 이상 생각하지 않게 만드는 겁니다.

팀원들에게 가이드를 주되 단정 지어서 이야기하는 건 좋지 않습니다. "나는 이런 것 같은데 너는 어떻게 생각하니? 한 번 더 개선을 해보자." 이런 식으로 말하는 게 좋습니다. 셀프 리더십이 완성되려면 리더들이 수고해야 합니다. 예전에는 "이때까지 완성해놔!" 하며 간단히 명령을 내리기만 했죠. 그러면 일이 될지는 모르겠지만 일하는 사람들에게 동기 부여는 전혀 없습니다. 그래서 요즘은 리더들이 수고를 더 많이 해줘야 하는 겁니다. 리더의 노력의 양이 중요합니다.

그럼 왜 리더가 더 수고스러운 과정을 거쳐야 할까요? 지금 젊은 사람들은 그 이전 세대와 가치관이 다릅니다. 예전에는 리더가 모든 것을 결정하고 직선적으로 이야기하고 결론 중심적으로 이야기했습니다. 그런데 요즘 젊은 사람들에게 이렇게 이야기하면 일을 하더라도 마음이 떠납니다. 마음이 떠난 사람과 일하는 것처럼 괴로운 일은 없습니다. 즐겁지도 않고 성과도 나지 않죠. 그래서 지금은 리더의 수고가 필요한 시대입니다.

지금 당신은 리더입니까?

그렇다면

팀원들에게 일의 시작과 끝을 알려주세요.

그것만으로도 당신의 팀은

더 좋은 성과를 낼 수 있을 것입니다.

최선을 다하라!
정말 최선을 다할까요?

당신의 직원들을
스스로 움직이게 하는 말은
따로 있습니다.

2.
스스로 설계, 진행, 피드백하면
성과가 좋아지나?

조금 더 자세하게 진행한 연구를 살펴보겠습니다. 웨스턴온타리오 대학교의 제러드 세이즈트 교수팀은 캐나다 토론토 지역 대학생 170명을 대상으로 비즈니스 게임을 진행했습니다. 세 그룹으로 나누어서 각 그룹에 과제를 줬습니다. 그룹 A에는 최선을 다하라는 과제Do-your-best Goal를, 그룹 B에는 목표를 달성하라는 과제Performance Goal를, 그룹 C에는 스스로 목표를 달성하기 위해 준비하는 과제Learning Goal를 줬습니다. 총 8번의 라운드를 돌면서 성과를 측정했습니다.

8번의 다양한 게임을 진행하면서 종합 결과를 측정해봤을 때, 성과는 그룹 C가 가장 좋습니다. 오히려 목표를 달성하라는 과제를 준 그룹 B가 성과가 가장 낮습니다. 그룹 B는 성과에 집중하다 보니 오히려 압박을 느껴 성과가 낮게 나오는 결과가 발생했습니다. 8번의 라운드가 진행되었는데 그 결과는 모두 동일

	1라운드	2라운드	3라운드	종합
	평균	평균	평균	평균
성과				
그룹 A	6.68	5.99	7.50	6.72
그룹 B	6.72	5.60	6.44	6.25
그룹 C	7.71	8.97	11.12	9.27
자신감				
그룹 A	−0.31	−0.42	−0.02	−0.25
그룹 B	−0.18	−0.17	−0.51	−0.29
그룹 C	0.46	0.66	0.68	0.60
정보 탐색				
그룹 A		2.86	2.10	2.48
그룹 B		3.03	2.62	2.83
그룹 C		4.08	3.92	4.00

합니다.

두 번째로 자신감Self Efficacy 측면을 측정한 결과를 보겠습니다. 1라운드에서는 그룹 C만 플러스고 나머지 그룹은 다 마이너스입니다. '목표를 이루려면 뭘 준비해야 하지?'라고 고민했던 그룹 C의 자신감이 가장 높습니다. 그리고 종합 결과도 그룹 C

가 자신감이 가장 높습니다. 정보 탐색의 양도 그룹 C가 가장 높습니다. 결론은 무엇인가요? 스스로 설계, 진행, 피드백하면 성과가 좋아지는 것입니다.

*

시장 점유율 변화

위의 실험에서 진행한 8번의 비즈니스 게임을 통해 시장 점유율을 측정했습니다. 눈에 띄는 건 성과를 내라고 주문한 그룹 B입니다. 성과를 내라고 했는데 단기, 장기 모두 성과가 마이너스입니다. 결국 "매출 얼마 달성해"라고 주문하면 성과는 줄어든다는 겁니다. 반면 목표를 달성하기 위해 준비를 해보자고 주문한 그룹 C는 단기 28%, 장기 59%의 점유율 상승을 보였습니다. 이유가 뭘까요?

	그룹 A 최선을 다하라	그룹 B 성과를 내라	그룹 C 준비하라
단기	-14%	-20%	+28%
장기	+7%	-8%	+59%

최선을 다하라는 리더의 말을 들은 사람들은
리더가 노력하는 모습을 중요하게 여긴다고 생각하게 됩니다.
그래서 **팀원들은 노력하는 모습을 보이는 데**
중점을 두게 됩니다.

성과를 내라고 하면
성과에 대한 심리적 압박이 들어오게 됩니다.
그래서 **유능하게 보이는 데 집중**을 합니다.
무능하게 보이고 싶은 사람이 어디 있겠습니까?
하지만 쉽게 되지 않습니다.

마지막으로 **배우라고 주문했을 때는**
실제로 노력도 하고 유능함도 갖추는
결과가 나오게 됩니다.

그래서 조직에 있는 사람들이 스스로 문제를 설정하고 해결
방안을 탐색하고 피드백하고, '적어도 이거 하나는 배웠다. 다음
에 적용해야지'라고 생각하며 움직이게 되는데, 이러한 조직을
조직심리학에서는 '학습 조직Learning Organization'이라고 부릅니
다. 잘하면 왜 잘하는지, 안 되면 왜 안 되는지를 아는 집단이 되

어야 합니다.

대한민국의 기업들이 특히 조직 학습을 안 합니다. 조직 학습을 안 하면 어떤 일이 벌어질까요? 담당자가 나가면 그 일이 없어져버립니다. "이거 합시다"라고 하면 "담당자가 퇴사했는데요"라는 답변이 돌아옵니다. "그럼 그 일을 누가 백업한 거죠?"라고 하면 "그분이 다 하셨는데요"가 되는 겁니다. 현재 제가 자문을 맡고 있는 회사들에서도 이런 일이 꽤 자주 벌어지고 있습니다. 그래서 제가 후임자 프로그램Successor Program을 제안하면 모두 놀랍니다.

후임자 프로그램이란 어떤 사람이 하고 있는 일을 대체할 수 있는 사람을 만들어주는 것을 말합니다. 사업에 실패하는 사람은 용서해도 후임자를 만들지 못한 사람은 용서하지 않는다는 말이 있습니다. 내가 없어져도 내 일을 대신 처리할 수 있는 사람을 조직적으로 만들어야 합니다. 이게 바로 학습 조직입니다.

개인의 지식을 조직의 지식으로 환원하게 하라

빠르게 성장하는 기업은 특정 개인의 성공 노하우를 기업 전체에 널리 퍼뜨립니다. 그래야 선순환 구조가 생깁니다. 그렇지 못하면 회사의 중요한 사업이 개인에 종속됩니다. 개인에게 종속된 능력이 회사에 종속되도록 해야 합니다.

스스로 설계하게 하라!
스스로 목표를 설정하게 하고,
계획하고 실행하고 진단하게 하세요.
이 과정을 꾸준하게 하는 집단을
학습 조직이라고 합니다.
개인이 가지고 있는 능력을
조직 차원으로 넓혀야 합니다.

직원들의
동기 수준을 높이는 것,
단 하루면
효과가 나옵니다.

3.
하루만 연습해도
동기가 올라간다

셀프 리더십 정교화 연구 세 번째입니다. 지금까지 스스로 계획하고, 스스로 실행하고, 스스로 피드백하도록 해서 조직원들 스스로 리더십을 갖도록 하는 것이 좋다고 했습니다. 보통 리더십 관련 프로그램들은 단기간에 효과를 내기가 힘들다고 생각합니다.

하지만

결론부터 말씀드리면 셀프 리더십,
즉 내적 동기를 강화하는 프로그램은
하루만 진행해도 효과가 있습니다.

실험 설계

캐나다 퀸스 대학교의 줄리언 발링 교수팀은 캐나다 소재 대형 은행 5곳의 20개 지점을 선정해 연구를 했습니다. 지점의 위치와 규모 등을 고려해서 실험 집단을 나누고, 20개 지점의 매니저를 대상으로 하루 동안 내적 동기 강화 프로그램을 진행했습니다. 하루 동안 내적 동기 강화 프로그램에 참여한 사람들이 참여하지 않은 사람들보다 실제 성과가 더 나오는지를 측정했습니다.

그래프를 보시면 확연한 차이가 느껴지나요? 총 4가지 분야를 측정했습니다. 생각을 많이 했는지, 주변 사람들에게 배려를 많이 했는지, 스스로 긍정적 리더십이 있다고 느끼는지, 마지막으로 몰입하는지. 4가지 측정 분야 모두 하루짜리 내적 동기 강화 프로그램을 들은 직원들이 월등하게 높았습니다. 내적 동기 강화 의도를 갖고 하루만 교육을 하더라도 태도에서 긍정적인 변화가 생깁니다.

태도와 관련된 항목은 개인 성향의 차이도 있을 수 있기에, 실제로 재무적인 성과가 좋아졌는지를 측정했습니다. 신용카드 판매량과 개인별 대출 판매량을 비교했더니, 하루 동안 내적 동기 강화 프로그램에 참여한 직원들이 40% 가까이 높은 성과를 기록했습니다.

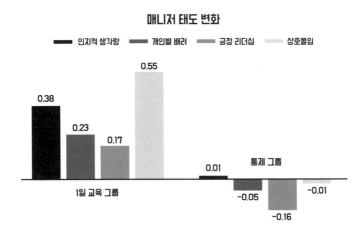

매니저 태도 변화

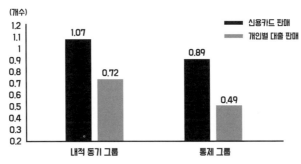

내적 동기 그룹의 일평균 판매

＊

목표는 셀프 리더십 강화

이 실험을 통해서 우리는 단 하루만의 노력으로도 셀프 리더십이 증가한다는 것을 알 수 있습니다. 그러니까 목표를 정할 때 성과 중심으로 갈 것인지, 셀프 리더십 중심으로 갈 것인지의 차이가 중요합니다.

성과를 중심으로 생각한다면 "우리 제품의 반복 구매 비율을 5% 높여주세요"라고 말할 수도 있습니다. 하지만 실제 성과를 낼 수 있는 셀프 리더십 차원에서는 어떻게 이야기할 수 있을까요? "우리 제품을 반복 구매하면 소비자들에게 무엇이 좋아지는지 그 이유를 알아봅시다. 그것이 발견되면 어떻게 효율적으로 전달할 수 있을까요?"라고 이야기하는 겁니다. 5% 더 증진시킬 수 있는 방법을 같이 이야기하고, 타당성이 있는지 논의하고, 실행하고 피드백하는 절차로 가는 겁니다. 내가 하고 싶은 이야기를 팀원이 하도록 만드는 겁니다.

말하는 게 중요합니다. "원가 비율이 높습니다. 원가 비율을 25% 이하로 낮춰주세요"보다는, "원가 비율이 높은 이유가 무엇일까요? 그 이유를 탐색해보고 어떻게 하면 25% 이하로 낮출

수 있을지 토론해봅시다"라고 이야기하는 겁니다.

　말만 바꾼 것 같지만 큰 차이가 있습니다. 성과 목표의 말은 대체적으로 '네가 해야 할 일'이라는 메시지를 담고 있습니다. 하지만 셀프 리더십 강화 목표의 말은 물어보는 건 나지만 결정은 상대방에게 넘겨주는 겁니다. 우리가 타인을 배려하자고 늘 이야기하는데, **배려가 다른 게 아닙니다. 결정을 내가 하지 않고 상대에게 넘겨주는 것이 배려입니다.**

　"고객 만족도를 70%로 올려주세요"보다는 "고객의 불만족이 생기는 근본 이유는 무엇일까요? 그리고 어떻게 하면 고객 만족도를 70%로 올릴 수 있을지 그 방법을 토론하고 탐색해봅시다"라고 말을 하세요. 그리고 담당자가 발표를 하도록 하는 겁니다. **사람은 자기 입으로 말을 하는 순간 책임감이 따릅니다.**

*

치믈리에 자격시험

2017년 여름, 음식 배달 앱인 배달의민족에서 '치믈리에 자격시험'이라는 행사를 진행해 언론과 SNS를 통해서 화제가 되었습니다. 이 치믈리에 자격시험은 어떻게 만들어졌을까요? 이 행사는 누가 시켜서 만들어진 것이 아닙니다.

경력 사원을 뽑고 교육을 진행하는데, 어떻게 하면 지루하지 않게 할 수 있을까 고민을 했습니다. 그런데 예전에 KBS의 〈안녕하세요〉라는 예능프로그램에 출연했던 치킨 덕후 여고생이 생각난 겁니다. 치킨 냄새만 맡아도 브랜드와 치킨 종류를 다 맞히는 출연자였습니다. 이 프로그램을 보고 경력 사원 교육 프로그램에서 패러디를 했더니 반응이 매우 좋아서, 이걸 한번 확대해보겠다는 생각을 했습니다.

배달의민족의 치믈리에 자격시험은 수능시험을 벤치마킹했습니다. OMR 카드도 만들고 1교시, 2교시, 3교시 나누어서 각각 다른 과목의 치믈리에 자격시험을 봤습니다. 대한민국 상당수의 방송사들이 취재를 했습니다. 이 이벤트를 통해서 배달의민족은 얼마의 광고 효과를 봤을까요? 사람들이 광고를 보고 신뢰하는 비율과 뉴스를 보고 신뢰하는 비율의 차이는 엄청납니다. 광고는 사람들이 잘 믿지 않지만 뉴스에 나가면 신뢰도가 확 높아집니다. 그런데 모든 방송사에서 치믈리에 자격시험을 다루고 SNS에서도 난리가 났으니, 배달의민족은 치믈리에 자격시험을 통해 수십억 원 이상의 광고 효과를 얻은 겁니다. 단 하루 진행된 이벤트를 통해서, 배달의민족은 큰 성과를 얻었습니다.

이런 기막힌 프로그램이 누가 시켜서 기획 진행된 것일까요? 아닙니다. 팀원들이 했습니다. 누가 시키지 않았지만, 배달의민족 마케팅이라면 무슨 일을 해야 할까 고민하고 목표를 세우고 계획을 짜고 진행한 겁니다. 배달의민족 김봉진 대표도 마지막에 알았다고 합니다. 이런 조직이 학습 조직이고 바람직한 조직입니다.

스스로 리더십을 발휘하고 동기를 부여하는 능동적인 학습 조직이 개인에서 팀으로, 팀에서 회사로 전파될 수 있어야 합니다. 그러기 위해서는

지난 한 주 동안 우리가 얻은 교훈은 무엇인가?
지난 한 주 동안 우리는 목표에 얼마나 근접했나?
다음 주의 목표는 무엇이고 어떻게 도달해야 할까?
를 항상 묻고 고민해야 합니다.

이제 셀프 리더십 정교화 과정의 하이라이트입니다. 일하는 사람에게 의미와 명분을 주는 것이 과연 사람의 행동 변화에 얼마만큼 영향을 줄까요?

정체성을 생각하게 하는 말

Why

방법을 생각하게 하는 말

How

4.
의미와 명분을 생각하면
더 오래 버틴다

Why와 How

뉴욕 대학교의 겐타로 후지타 교수 연구팀은 의미와 명분을 제공하였을 때 육체적으로 힘이 더 발생하는지 알아보기로 했습니다. 의미와 명분이 중요하다면, 어쩌면 근육의 힘까지 늘어나지 않을까 생각한 것이죠.

이 연구에서는 피험자를 두 그룹으로 구분하였습니다. 한 그룹에게는 "대인관계를 잘하려면 어떻게 해야 하나요?"라고 How로 물어보았고, 다른 한 그룹에게는 "대인관계를 왜 잘 유지해야 하나요?"라고 Why의 관점으로 물어보았습니다. Why로 질문하는 건 의미와 명분을 묻는 것이고, How는 기술적, 실무적 측면으로 접근하게 되는 겁니다. 그러고는 31명의 뉴욕 대학교 학생들을 대상으로 꽤 무거운 막대를 얼마나 오래 쥐고 있는지 테스트했습니다. 결과는 어떻게 나타났을까요?

무거운 막대를 들고 있는 시간(초)

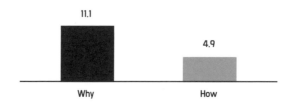

11.1

4.9

Why   How

　　먼저 무거운 막대를 들고 있는 시간을 측정했습니다. Why로 질문한 그룹은 11.1초, How로 질문한 그룹은 4.9초를 들고 있었습니다. Why로 질문하면 그것에 대한 중요도가 높아집니다. 왜 대인관계를 잘 유지해야 하나에 대한 근본적인 내용을 고민하게 되면서 중요도가 강화됩니다. 중요도가 강화되면 몰입하게 되고, 몰입을 하면 물리적인 고통이 덜 느껴집니다. 그러니까 Why를 쓰면 물리적으로 어려운 일이 생기더라도 견디는 힘이 증가할 수 있다는 겁니다.

그래서
어떤 일을 시작할 때 반드시 필요한 질문이
'왜 이 일을 해야 하나'입니다.

이 내용이 **리더부터 조직원까지**
조직 전체에 **연결**되어야 합니다.
일의 **의미**에 대해 **모두**가 **동의**하도록
설득하는 **작업**이 필요합니다.

왜 그 일을 하는가 한번 생각해보세요. 지금 다니는 그 회사에 왜 다녀야 하나요? 지금 자영업을 하신다면 수많은 업종 중 왜 그 업종을 택했는지 의미와 정체성을 생각해보세요. 현재 우리나라는 인터넷 기업은 인터넷 기업대로 커지고, 제조 기업은 제조 기업대로 커지고 있습니다. 그 속에서 우리는 무엇을 준비해야 할까요? 셀프 리더십을 준비하고, 나만의 핵심 영역을 확보하는 것이 필요합니다. 이때 중요한 게 '나는 그 일을 왜 해야 하는가?'라는 물음입니다. 이게 없으면 결국 동력을 잃기 쉽습니다.

*

Why만 있으면 될까?

Why가 How보다 효과적이라고는 하지만, Why만 있어서는 곤란합니다. How도 매우 중요하죠. Why와 How 중에 어느 것 하

나가 빠지면 난처해집니다. How가 없는 상태에서 Why만 있다면 개념 중심적이 됩니다. 반대로 How만 있다면 기술 중심적이 됩니다. 그래서 Why와 How를 같이 가져가는 것이 좋습니다. 의사결정을 하는 입장이라면 상대적으로 Why에 중점을 두고, 실행을 하는 사람이라면 How에 중점을 두는 것이 맞습니다.

다만 셀프 리더십을 가질 때
절대 빠뜨리면 안 되는 요소가
일에 대한 의미와 정체성을 스스로 찾는 것이라는 점을
강조하고자 합니다. Why가 가장 중요해서라기보다는,
Why를 써서 실험한 연구의 결과를 살펴보았을 때

**Why로 물어보면 의미와 정체성에 대한 생각을
활성화시킬 수 있음이 밝혀졌으니**

Why에 대해 이야기한 겁니다.
Why가 중요하고 How는 중요하지 않다는 뜻이 아닙니다.
How와 관련하여,
동일한 행동이 주는 긍정적인 효과를 살펴보겠습니다.

같은 행동을 반복하고,
같은 행동을 공유하면,

.

.

.

성과는 더욱 좋아집니다.

5.
동일한 행동의 반복이
불러오는 효과

동일한 행동의 반복이 지각과 행동에 긍정적인 영향을 미칠까요? 결론은 "그렇다"입니다. 미네소타 대학교와 하버드 대학교가 공동으로 의식 행동의 인과관계에 대한 흥미로운 연구를 진행했습니다. 연구자들은 제품에 대한 무의미한 '간단한 의식 행동'이 소비자 만족도와 구매 의향에 어떤 영향을 미치는지 알고 싶었습니다. 그래서 총 4차례의 실험을 시행했습니다. 이들은 우선 52명의 대학생들을 두 그룹으로 나누고 허쉬초콜릿을 각각 5번씩 먹게 했습니다. 이때 한 집단에게는 초콜릿을 먹기 전에 꼭 포장 상태에서 반으로 자를 것을 요청했고, 다른 한 집단에게는 그냥 먹으라고 했습니다. 이런 행동을 약 5분 동안 요청한 후, 얼마나 맛있었는지, 얼마를 지불할 의향이 있는지 묻고, 먹은 시간은 얼마나 되는지 측정했습니다. 측정 결과는 어떻게 나왔을까요?

흥미롭게도, 포장 상태에서 반으로 잘라서 먹게 한, 즉 '간단한 의식 행동'을 5분 동안 진행한 집단에서 훨씬 더 맛있었다는 응답이 나왔습니다. 구매 의향도 훨씬 더 높게 나왔고, 초콜릿을 음미하는 시간도 훨씬 더 길었습니다. '간단한 의식 행동'만으로도 제품 평가, 제품 사용 시간, 향후 구매 의향이 더 높게 나온 것입니다.

그런데 연구자들은 추가적인 궁금증이 몇 가지 생겼습니다. 첫째, 혹시 초콜릿처럼 맛있는 제품에만 이런 효과가 나오는 것은 아닐까? 당근처럼 맛없는 제품에는 효과가 사라지지 않을지 궁금했습니다. 둘째, 같은 행동을 반복하지 않고 무작위로 아무 행동이나 하게 되면 어떻게 될까? 셋째, 의식 행동을 하고 섭취하기 전까지 조금 기다리게 요청하면 어떻게 될까? 여러분은 어떻게 생각하시나요? 재미있는 관점입니다. 그래서 이들은 조금 더 정교하게 구분하여 실험을 진행했습니다.

총 105명의 실험 대상자를 의식 행동 그룹, 무작위 행동 그룹, 조금 기다리는 그룹, 기다리지 않는 그룹, 총 4개의 그룹으로 구분하여 실험을 진행했습니다. 결과는 어떻게 나타났을까요? 살펴보니 아주 흥미롭습니다. 우선 초콜릿이건 당근이건 의식 행동의 효과는 동일하다는 결과가 나왔습니다. 그러니까 맛없는

간단한 의식 행동의 효과

맛 평가

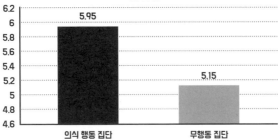

지불 의향 비용(달러)

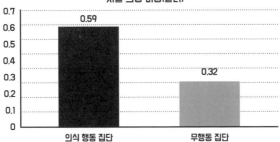

음용 시간(초)

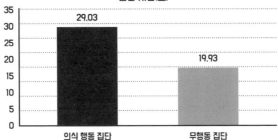

	의식 행동	무의식 행동
잠시 기다림	1	2
기다리지 않음	3	4

제품이라 할지라도 의식 행동 효과는 그대로인 것입니다.

그리고 의식 행동 집단이 조금 기다리는 조건에서 기대감이

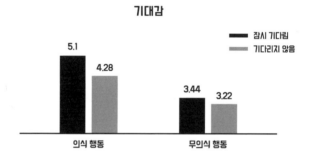

기대감

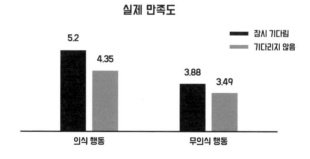

실제 만족도

가장 높았고, 실제 경험한 만족도 역시 가장 높은 것으로 나타났습니다. 요약한다면, 어떤 제품이건 상관없이, 제품 사용 전에 일정하게 반복된 의식 행동을 하고 잠깐 기다리게 하면, 기대감, 실제 만족도, 사용 시간, 구매 의향이 모두 높아지는 것으로 나타났습니다. 왜 이런 효과가 나타나는 것일까요? 그것은 의식 행동을 하게 되면 그 제품을 기억하려는 근본적 동기Intrinsic Motivation가 상승하기 때문입니다. 간단한 의식 행동을 통해 더 많이 생각하게 되고, 더 좋아하게 되고, 더 많이 소비하려 하고, 더 많이 지불하려는 동기가 높아지는 것입니다.

간단한 의식 행동은
삶을 더 즐겁게 해줄 수 있습니다.
같은 소비라도 의식 행동을 통해
기대감과 만족도를 더 높일 수 있기 때문입니다.
심지어 맛없는 당근조차 간단한 의식 행동을 한 후
먹으면 더 맛있게 느껴졌습니다.
그 이유는 의식 행동이 소비 대상에 대한
내적 동기를 높여주기 때문입니다.

와인을 마시기 전에 테스팅을 하는 것은 의식 행동의 좋은 예입니다. 음식뿐이겠습니까? 공부할 때, 데이트할 때, 운동할 때, 구매할 때 역시 의식 행동이 필요할 것입니다. 간단한 의식 행동은 기대감, 만족도, 향후 구매 의향에 영향을 미칩니다. 성공하는 사람들은 대개 자신만의 간단한 의식 행동을 갖고 있다고 합니다.

여러분도 여러분만의 **간단한 의식 행동**을
준비해보는 것은 어떨까요?
그것만으로도 **가치가 높아지게 될 것입니다.**

*

무의식 행동은 지각에 긍정적 영향

단순한 행동이 지각과 행동에 긍정적 영향을 주는지를 알아보는 또 다른 연구가 진행되었습니다. 미국 노스이스턴 대학교의 데이비드 데스테노 연구팀은 반복적 행동이 지각과 행동에 긍정적 영향을 줄 것이라 가정하고 이를 증명해보기로 했습니다. 이들은 92명의 피험자를 두 그룹으로 나누고, 반복적 행동이 지각 정확도와 행동 정확도에 어떤 영향을 주는지 살펴보았습니다. 한 그룹에게는 흔들의자의 흔들거리는 속도를 일정하게 유지하라고 주문했습니다. 일정한 반복 행동을 요청한 것입니다. 다른 그룹에게는 흔들의자를 마음대로 움직이라고 주문을 했습니다.

그리고 각각의 그룹에게서 두 가지를 측정했습니다. 첫째는 컴퓨터 모니터에서 볼의 움직임을 맞히는 것이고, 두 번째는 미로의 쇠구슬을 최대한 빨리 이동시키는 것입니다.

*

동일한 행동

결과는 흥미롭게도, 흔들의자의 속도를 일정하게 유지한 그룹이 컴퓨터 모니터의 볼의 움직임을 20% 정도 더 정확하게 맞혔고, 미로 탈출 속도도 월등히 빨랐습니다. 그러니까 동일한 행동을 꾸준하게 하는 것만으로도 문제 해결의 성과가 좋아질 수 있다는 것입니다.

이들이 진행한 두 번째 연구를 보겠습니다. 이들은 뉴질랜드에 있는 113명의 서로 다른 커뮤니티에 속한 사람들을 피험자로 선정해서 8개 그룹으로 분류했습니다. 뛰는 집단과 안 뛰는

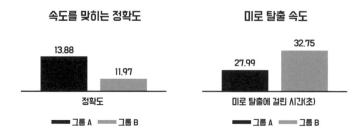

속도를 맞히는 정확도	미로 탈출 속도

집단, 포커 게임을 하는 집단과 안 하는 집단, 모자를 쓴 집단과 안 쓴 집단, 배트를 쥐고 있는 집단과 안 쥐고 있는 집단 등으로 나누었죠. 한 집단은 공통되고 반복되는 행동을 하거나 물건을 소지하게 했고, 다른 집단은 공통된 것이 없는 집단입니다.

*

공통된 행동의 결과

아주 재미있는 결과가 나왔습니다. 간단한 행동이나 물건을 통해서 공통점을 만들었을 뿐인데도, 공통점이 있는 집단은 일체감이 일정 수준 높고 상호 신뢰와 신성감이 월등하게 높습니다. 단순한 행동의 반복이 이처럼 의미 있는 효과를 만들어낸다는 것입니다.

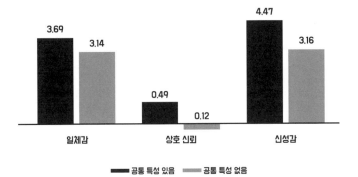

리추얼 효과 3변인 측정 결과

3.69 · 3.14 · 0.49 · 0.12 · 4.47 · 3.16

일제감 · 상호 신뢰 · 신성감

■ 공통 특성 있음　■ 공통 특성 없음

같은 행동을 반복하면
우리는 정확하게 표현하지는 못하지만
구성원 간에 일체감을 느낍니다.

그러니까 같은 행동을 반복하기만 해도
제품에 대한 구매율이 높아지고,
같은 음식도 더 맛있다고 생각하는 겁니다.

브랜드 역시 소비자를 대상으로
일정한 의식 행동을 만들어내면

그만큼 효과가 좋습니다.

이 의식은 바로
브랜드 정체성, 행동 규범, 문화와 유산에 영향을 미칩니다.

개인과 조직, 기업의 가치는 결국 정체성, 행동 규범, 문화와 전통, 그리고 의식을 통해서 만들어집니다. 그리고 기업 가치를 만드는 일은 높은 동기 수준과 능력이 있는 사람이 할 수 있습니다.

*

피플팀

그러면 기업에서 조직원들의 동기 수준을 높이기 위해서 구체적으로 어떤 일을 하고 있을까요? 배달의민족에는 '피플팀'이라는 팀이 있습니다. 이 팀의 업무는 직원들을 도와주고 행복하게 해주는 일입니다.

이와 비슷한 것이 구글의 피플 오퍼레이션 팀People Operation Team입니다. 이 팀은 대표적인 셀프 리더십 강화 프로그램을 진행합니다. 사람들에게 즐거움과 기쁨을 전달하는 일, 의미를 부여해주는 일, 그리고 성장을 지원해주는 일을 합니다. 시작과 끝을 알게 하고, 일을 하는 이유, 비전을 통해서 의미를 찾고, 지금 하고 있는 일이 개인의 커리어에 어떻게 연결되는지 관리하는 것. 이것이 피플팀의 목표입니다.

배달의민족의 피플팀과 비슷한 팀을 운영하는 회사들이 있습니다. 피플팀의 목표는 조직원들이 일의 즐거움을 알게 해주고, 의미를 알고 일하게 도와주며, 성장을 도와주는 것입니다. 실제 구글은 피플 오퍼레이션 팀을 통해서 동기 강화 프로그램을 진행한 결과, 직원들의 리더십 점수가 46%에서 88%로 성장했다고 합니다.

8명이 함께하면,
8배의 힘이 생길까요?

.

.

.

사공이 많으면
배는 산으로 갑니다.

6.
무임승차의 조건

지금까지 리더십 전략을 요약하면, 조직 구성원 모두가 조직과 업무에 대해 의미와 정체성을 갖게 하는 것이 리더십의 핵심입니다. 내가 왜 이 일을 해야만 하는가, 우리 브랜드는 왜 존재해야 하는가, 우리 기업은 무엇을 하려는 것인가에 대한 해답을 공유하고 있어야 합니다.

그런데 리더십을 만드는 과정에서 우리가 반드시 걸러내야 할 것이 있습니다. 바로 무임승차입니다. 학교 다닐 때를 돌이켜 보면 조별 과제를 할 때 꼭 무임승차하는 사람이 나옵니다. 그래서 무임승차자가 나오지 않게 하려고 팀원 각각의 공헌도를 쓰라고도 합니다. 하지만 공헌도를 쓰는 방법은 전형적인 외적 동기 부여를 쓰는 것이니 바람직하지는 않습니다.

그러면 무임승차는 어떤 상황에서 벌어질까요? 쥐 100마리가 있으면 열심히 움직이는 건 20마리뿐이고 80마리는 놀고 있다고 합니다. 그런데 열심히 움직이는 20마리를 다른 곳을 옮기면 또 20% 정도만 열심히 움직이고 나머지는 놀고 있습니다. 이것이 조직의 특성 중 하나라고 합니다. 물론 틀린 말은 아니지만 조금 더 자세하게 이해할 필요가 있겠습니다.

*

줄다리기

독일의 농업학자 링겔만이 줄다리기 실험을 했습니다. 28명의 개인을 모집해서 줄다리기의 협동력을 측정합니다. 실험의 목적은

참여자 수	1인당 힘의 양	총 힘의 양
1	1.00	1.00
2	0.93	1.86
3	0.85	2.55
4	0.77	3.08
5	0.70	3,50
6	0.63	3.78
7	0.56	3.92
8	0.49	3.92

혼자 하는 것보다 여러 사람이 힘을 합쳤을 때 어떤 결과가 나오는지를 보는 것입니다. 만약 힘이 10인 사람 두 명이 같이 줄다리기를 하면 20보다 더 큰 힘이 나올까요? 아니면 그보다 작은 힘이 나올까요?

*

링겔만 효과

링겔만이 다양한 조건으로 줄다리기 게임을 진행한 결과, 힘의 총합은 예상과는 다르게 나왔습니다. 한 사람의 힘을 1이라고 가정했을 때, 줄다리기를 하는 인원이 늘어날수록 개인이 쓰는 힘은 줄어드는 것으로 나타났습니다. 2명이 할 때는 혼자 할 때 보다 93%의 힘만 쓰고, 3명이 할 때는 85%, 4명일 때는 77%를 씁니다. 그러다가 8명이 되면 원래 힘의 절반도 채 쓰지 않았습니다. 1의 힘을 가진 사람 8명이 줄다리기를 하면 최소 8 혹은 그 이상의 힘이 나올 것이라고 가정했지만, 실제로는 3.92가 나오는 겁니다. 우리가 가진 일반적인 생각과는 완전히 다른 결과가 나옵니다. 시너지가 나오는 것이 아니라 마이너스가 되는 현상, 이것을 링겔만 효과Ringelmann effect라고 합니다.

무임승차의 조건

그러면 어떤 조건에서 무임승차가 이루어질까요? 78건의 연구를 모아서 분석한 결과가 있는데, 무임승차하는 사회적 태만so-cial Loafing이 발생하는 경우가 3가지로 정리됩니다.

첫 번째, 개인 업무의 의미가 발견되지 않을 때입니다. 지금까지 한 이야기와 맞아떨어집니다. 의미가 없으면 동력이 없다고 했습니다. 시작점에서 개인이 할 업무의 의미가 발견되지 않으면 그 사람은 링겔만 효과로 바로 들어가는 거예요. 그러니까 각각의 사람에게 전체의 의미와 개인의 의미를 정해줘야 하는 거죠. "내 말 알겠지?"라는 말을 자주 쓰는데, 그렇게 얘기하면 상대방은 모른다는 겁니다. 개떡같이 얘기하는데 찰떡같이 알아들을 수는 없습니다. 상대방이 찰떡같이 알아듣길 원한다면 나도 찰떡같이 말해야 합니다.

사회적 태만이 생기는 두 번째 경우는 개인의 기여도가 구분되지 않을 때이고, 세 번째는 타인과의 친밀도가 높지 않을 때입니다.

사장의 입장, 팀장의 입장 혹은 개인적으로 일을 하는 사람들의 입장에서 봤을 때, 주변에서 이런 일이 정말 벌어지나요? 무임승차의 일상적 케이스를 보겠습니다. 호텔 객실에서 바퀴벌레가 나타나자, 바퀴벌레 잡는 사람을 10객실당 1명씩 배치합니다. 그리고 바퀴벌레를 제대로 잡고 있는지 감시요원을 배치합니다. 그다음 감시요원이 제대로 감시하고 있는지 추가 감시요원을 배치합니다. 우습게 들리겠지만 이런 일이 실제로 자주 벌어집니다. 무임승차가 있을 것이라고 예상하기 때문에 이런 상황이 나오는 겁니다.

무임승차는
개인 업무의 의미가 발견되지 않을 때,
개인의 기여도가 구분되지 않을 때,
사람들과 친밀도가 높지 않을 때 일어납니다.

그래서 무임승차를 해결하기 위해 필요한 건
스스로 계획을 세우고, 피드백하고,
발표하고, 수정하는 것입니다.

잘나가는 조직은
피자 2판 이상을 먹지 않습니다.

7.
조직의 합리적 규모

효율적인 의사 결정이 가능하고 동기를 부여할 수 있는 조직의 합리적 규모는 어느 정도일까요? 이번에 살펴볼 논문은 제목이 재미있습니다. 「You've Got to Have 150 Friends」, 즉 '당신은 150명의 친구를 만들 수 있습니다'라는 논문입니다. 영국 옥스퍼드 대학의 신경과학 연구소장인 로빈 던바Robin Dunbar 교수의 연구입니다. 사람들이 온라인과 오프라인을 통틀어서 어느 정도 규모까지 네트워크를 가질 수 있는지 추적을 했습니다.

*

2~150

로빈 던바는 처음에는 원숭이, 오랑우탄 등 영장류를 대상으로 실험을 했습니다. 영장류가 그룹으로 움직일 수 있는 최대 규모는 150마리, 적당히 무리를 이루어서 생활하는 규모는 50마리 정도, 협동적 행동으로 특정한 결과를 낼 수 있는 규모는 15마리 라고 합니다.

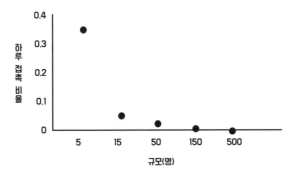

이를 바탕으로 로빈 던바는 사람을 대상으로 연구해보았습니다. 얼마나 자주 의사소통을 하는지 확인한 거죠. 5명 정도일 때는 접촉 비율이 아주 높았습니다. 15명일 경우는 접촉 비율이 많이 낮아지지만 충분히 소통을 하고 과제를 수행할 정도가 됩니다. 그리고 50명, 150명으로 갈수록 접촉 비율이 점점 낮아지다가 500명이 되면 접촉이 거의 없다고 보는 겁니다.

던바 서클Dunbar Circle

연구 결과를 토대로 던바 서클이라는 것을 발표했습니다. 던바 서클에 따르면 150명 규모를 빌리지Village라고 합니다. 마을을 이루는 규모가 150명이면 적당하다고 본 겁니다. 그다음이 밴드 Band로, 밴드는 적당한 문화를 공유하는 집단이며 50명 수준이라고 정리했습니다.

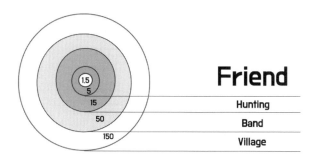

그다음은 헌팅Hunting인데, 헌팅은 사냥을 같이할 수 있는 사람의 규모로 15명이라고 정리했습니다. 군대에서 분대 단위가 12명인데, 이 규모일 때 작전 수행능력을 갖는다고 합니다. 그러니까 15명 규모의 집단에서는 특별한 목표를 세우고 함께 갈 수 있다고 볼 수 있습니다. 그리고 5명 미만이 되면 아주 근접한 관계, Friend가 되는 겁니다.

그러니까 일을 수행할 수 있는
**아주 긴밀한 관계는 5명 내외가 최선이고,
목표를 달성할 수 있는 사냥 팀은
15명 정도입니다.
50명이 되면 지식과 문화를 공유할 수 있고,
150명 정도가 되면
본부와 계열사로 분리하는 것이 좋습니다.**

500명, 1000명이 될 수 있지만
공동체의 관점으로는 150명 정도까지가 적당합니다.

던바 서클을 토대로 보면 가장 효율적인 조직의 수는 5명 이내가 최고입니다. 하지만 인력이 모자랄 수도 있기 때문에 최대 15명 이내로 만드는 것이 좋습니다. 그 이상이 될 경우 팀으로서의 효율이 떨어질 수 있습니다.

애자일 팀Agile Team

최근에는 애자일 팀이라는 개념을 많이 쓰고 있습니다. 애자일 이란 민첩한 행동을 말하는데, 벌어진 사건이나 과제에 빠르게 적응하는 팀을 애자일 팀이라고 합니다. 그러니까 전투에 들어 갔을 때 상황이 바뀌면 효율적으로 다음 행동으로 들어갈 수 있 는 능력을 가진 팀이 애자일 팀이라고 할 수 있습니다. 애자일 팀 은 보통 8~12명 사이로 봅니다.

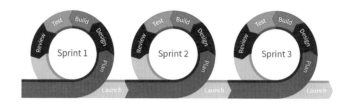

애자일 팀의 핵심은 스피드입니다.

상황이 벌어지면 빠르게 계획을 세우고,
디자인하고, 테스트와 실행을 거쳐 리뷰하고,
또 다른 계획에 들어가는 겁니다.

피자 2판의 법칙

애자일 팀을 아마존에서는 '피자 2판의 법칙'이라고 합니다. 한 프로젝트를 수행하는 인원은 피자 2판 이내에서 구성하라는 말입니다. 보통 피자 1판이 4인분 정도입니다. 그러니까 2판이면 8명이 되는데, 프로젝트를 진행하는 한 팀의 최대 단위를 8명으로 설정하고, 8명이 넘어갈 경우 팀의 효율이 떨어진다고 보는 겁니다.

*

베스트 프렌드

그러면 5명 이내의 집단, 프렌드 집단을 가지면 어떤 일이 벌어질까요? 회사 혹은 조직 내에 베스트 프렌드라고 할 수 있는 집단이 있을 경우 벌어지는 일을 실험을 통해서 알아봤습니다.

스탠퍼드 대학의 프리얀카 카Priyanka B.Carr 연구팀은 35명의 피험자를 선정해서 유럽 지도를 주고 각 나라별로 색을 칠하게 했는데, 다음의 조건을 지키면서 색을 칠해야 합니다.

인접한 국가에 색을 칠한다.

인접 국가 간에는 같은 색을 칠할 수 없다.

반드시 5가지 이내의 색을 써야 한다.

독일과 오스트리아는 붙어 있으니 서로 다른 색을 칠해야 합니다. 오스트리아와 스위스도 붙어 있으니 서로 다른 색을 칠해야 해요. 그런데 반드시 5가지 이내의 색을 써야 합니다.

이 과제는 사실 수학자들 사이에서도 난제 중 하나였다고 합니다. 1977년에 컴퓨터로 증명을 했는데 4가지 색이면 유럽 지도를 위의 조건에 맞춰서 칠할 수 있다고 합니다. 실험 참가 학생들에게는 1가지 색을 더 줬지만 그래도 어려운 건 마찬가지입니다. 이처럼 어려운 문제를 풀 때 베스트 프렌드가 있는 경우와 없는 경우로 나누어서 결과를 측정했습니다.

참가자들을 두 그룹으로 나눈 후 그룹 A에는 실험 참가 티켓을 나눠주는데 여기에는 참가자의 이름과 친구의 이름을 적어서 줬습니다. 어려울 때 티켓에 적힌 친구에게 도움을 요청할 수 있다고 하지만, 실제로 도움을 주지는 않습니다. 친구가 있다고 써주기만 하고 실제로는 혼자서 해결을 합니다. 이 그룹을 심리적 동반자Psychologically Together 그룹이라고 합니다.

그룹 B는 실험 참가 티켓에 자신의 이름만 적혀 있는 그룹입니다. 어려움이 닥쳐도 혼자서 해결할 수밖에 없는 그룹, 심리적 분리Psychologically Separate 그룹인 겁니다.

세 가지를 측정했는데, 지도 색칠하기를 얼마나 오랫동안 하는지를 측정하고, 그다음 시간 지체를 측정합니다. 색칠을 하다가 넋을 놓거나 한눈파는 행위를 얼마나 오래하는지 보는 겁니다. 그리고 마지막으로 피로도를 측정했습니다.

다음 장의 그래프에서 회색 막대가 심리적으로 친구가 있다고 생각하는 집단입니다. 심리적 동반자가 있는 집단이 색칠을 더 오래하고 집중도도 높습니다. 그리고 피로도는 낮습니다.

완전히 혼자인 그룹, 친구가 있을지도 모른다고 생각하는 그룹, 누군가와 경험을 공유하는 그룹, 심리적 동반자 그룹으로 나누어 결과를 봐도, 심리적 동반자 그룹이 지도 색칠하기를 더 오랫동안 지속하는 결과가 나옵니다. 인내심이 가장 높다는 거죠.

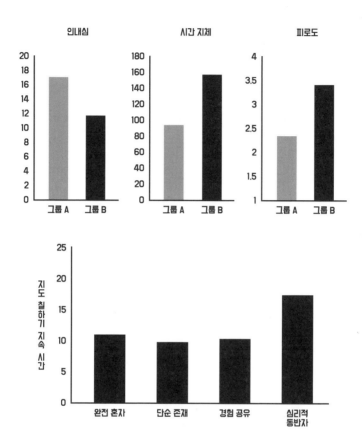

✕

TOPIC 2. 셀프 리더십 정교화

그러니까 혼자 하면
잘 못 버티고, 피곤해하고,
집중력도 떨어집니다.

반면 친구라고 할 수 있는 5명 정도의 팀이 있다면
더 잘 버티고,
과제 수행 능력도 높아지고,
피로를 덜 느끼게 되는 겁니다.

*

친구만 있다면…

왜 그럴까요? 이유를 살펴보니, 친구가 있으면 그 일을 해결하려
는 동기 욕구가 높아지는 상황이 벌어진다는 겁니다. 친구와 있
을 때 문제를 해결하려는 욕망이 증가하고, 그로 인해 결과도 좋
아지고, 인내심도 생기게 됩니다.

결국

효율적인 팀을 구성하기 위해서
팀 내에서 심리적 동반 관계를
높이는 것이 중요합니다.
이 사람들이 스스로 리더십을 갖게 해서
스스로 목표를 세우고, 스스로 계획을 세우고,
실행하고, 피드백하는 것.

그래서
**셀프 리더십은
개인 차원에서도 유효하고,
조직 차원에서도 유효합니다.**

기업의 CEO,
연령 다양성을 인정하라.

저는 다양한 회사의 CEO를 자주 만나는 편인데, 그들에게 회사를 경영하면서 어떤 점이 가장 중요하느냐고 물으면, 대부분 사람이라고 이야기합니다. 결국 돈을 벌어오는 것도 사람이고, 잃는 것도 사람이기 때문이겠죠. 그만큼 사람을 채용하고 활용하는 '인사人事'가 중요합니다.

그런데 전 세계적으로 인사 업무, 즉 노동 시장의 인구 구성에 큰 변화가 오고 있습니다. 고령 인구는 증가하고 젊은 인구는 줄어드는 현상이 확연히 드러나고 있다는 것입니다. 조금 더 나아가 본다면, 젊은 인력과 고령 인구가 비슷한 환경에서 비슷한 급여를 받고 일하는 모습을 어렵지 않게 보게 될 것입니다. 이처럼 나이 차이는 커지지만, 비슷한 업무, 비슷한 인건비를 받게 되는 변화를 연령 다양성 현상age diversity이라고 합니다. 이미 우리나라도 임금피크제 시행, 경력사원 상시 채용 등이 보편화되고 있죠. 앞으로는 연령 다양성 현상이 더욱 일반화될 것입니다.

이렇게 연령 다양성 현상이 증가하게 되면, 기업의 성과에는 어떤 영향을 줄까요? 일반적으로 이질적인 세대 차이를 갖고 있는 조직원이 함께 일하는 것은 기업 성과에 좋지 않다는 것이 중론입니다. 더군다나 우리나라는 장유유서, 연공서열주의 문화가 강합니다. 지금도 문제이지만 앞으로는 더욱 고민이 될 수 있는데, 이에 어떻게 대응해야 할까요?

스위스 세인트 갤런 대학교의 쿤제 교수 연구팀은 CEO의 사고방식 전환으로 연령 다양성의 문제를 해결할 수 있다는 점을 발견했습니다. 이들의 연구를 살펴보고 그 시사점을 알아보겠습니다.

연령 다양성이 커지면 연령이 비슷한 사람끼리 모이는 유유상종 문화가 더 굳어지게 되고, 결과적으로 분파주의가 벌어집니다. 생산 현장에서는 이런 문제가 자주 목격되는데, 이것을 해결하는 가장 중요한 변수가 바로 CEO의 의지와 솔선수범이라는 것입니다.

일반적으로 최고 경영진은 나이 많은 직원들에 대해 업무 능력, 학습 능력, 동기 부여 능력이 떨어진다는 편견들을 가지고 있다고 합니다. 이러한 편견은 시간 경과에 따라 조직 전체에 영향을 주게 되고, 결과적으로 연령에 따른 유유상종 문화와 분파주의 문화를 만들게 됩니다. 그러니까 연령 간 분파주의를 만드는 핵심 변수는 최고 경영진의 고정관념이라는 것인데, 이런 편견을 바꾸면 상황은 반전됩니다. 진짜 그럴까요?

이것을 증명하기 위해 연구자들은 독일의 다양한 산업군의 중소기업을 대상으로 2년간의 데이터를 모집, 분석했습니다. 147개 기업의 3만 명가량의 인력을 대상으로 경영진의 태도, 조직원의 태도, 인사관리 정책, 연령 다양성 정도, 연령 차별화 정도, 상호간 인식 정도, 기업 성과 등을 평가했습니다.

이들이 발견한 가장 중요한 결과는 다음과 같습니다. 연령 다양성이 커지면 기업 문화가 부정적이게 되고, 그 결과 기업의 성과에 부정적인 영향을 미치는 것으로 나타났습니다.

이 결과도 중요하지만, 두 번째 발견이 더 중요합니다. 연령 다양성이 주는 부정적인 효과는 경영진의 인식 변화와 인사 관리 정책 변화만으로도 얼마든지 극복될 수 있다는 것입니다.

CEO가 연령 다양성을 인정하고 이것을 해결하려는 기업 문화를 만들기 위해 노력하면, 놀랍게도 연령 간의 불신과 분열이 대폭 감소해 마치 연령 다양성이 없는 것과 같은 기업 문화를 만들 수 있게 됩니다.

연령 다양성이 높은 기업이라 할지라도, CEO가 고연령자에 대한 부정적 인식을 바꾸기 시작하면, 연령 다양성이 낮은 기업과 기업 문화의 차이가 없어집니다. 쉽게 말하면, CEO가 고연령층에 대한 부정적 편견을 깨면 고연령층으로부터의 문제점이 없어져 결과적으로 기업 문화가 개선된다는 것이죠. 그러니까 고연령 자체가 문제인 것이 아니라, 고연령층에 대한 최고 경영진의 인식이 더 큰 문제라는 것입니다. 직원들에게 뭐라 할 것이 아니라, 경영진부터 바뀌어야 한다는 교훈을 얻을 수 있습니다.

이번에는 조금 다른 관점으로 살펴보겠습니다. 만약 CEO가 연령 간 다양성을 인정하고, 이들을 하나의 기업 문화로 수용하려는 긍정적, 적극적 태도를 갖는다면 어떻게 될까요? 실제의 연령 다양성에 상관없이 문화적 평등성을 갖게 됩니다. 이 역시 쉽게 말하면 CEO가 고연령층에 대한 긍정적 태도를 갖고 있으면, 고연령층으로부터의 문제점은 없어지고, 모두가 하나 되는 기업 문화를 만들게 된다는 것입니다.

기업 문화는 최고 경영진에 의해 좌지우지됩니다. 최고 경영진의 연령 다양성에 대한 인식이 바뀌면 기업 문화도 바뀌게 되고, 그 결과 기업 성과에도 긍정적 영향이 일어납니다.

앞으로 기업의 인사 환경은 인구의 고령화가 지속적으로 진행될 것입니다. 기업 내 연령 다양성은 더욱 심해지겠지요. 연령 다양성을 그대로 두면 연령 간 분파주의가 증폭될 것입니다. 문제는 경영진의 인식입니다. 경영진이 고연령층에 대한 편견을 제거하면 문제는 해결될 것입니다. 비단 연령 다양성 문제뿐이겠습니까? 모든 문제의 시작은 리더로부터 나오는 것입니다. 윗물이 맑아야 아랫물이 맑습니다. 리더들의 솔선수범이 더욱 필요하겠습니다.

TOPIC 3.
리더의 덕목

리더라면
모든 것을 잃어도 반드시 지켜야 할 것,
신뢰
입니다.

1.
무엇보다 신뢰

리더십 전략 세 번째 주제는 리더의 덕목입니다. 사회에는 수많은 관계가 있습니다. 리더와 팀원 간의 관계, 협업 관계, 네트워크 관계 등 수많은 상호관계가 있는데, 이런 수많은 관계 속에서 성과를 내는 가장 중요한 변수가 무엇인지에 대한 연구를 살펴보겠습니다.

이번에 살펴볼 논문은 「The Commitment-Trust Theory of Relationship Marketing」으로, 관계 형성에 가장 중요한 요소는 약속과 신뢰라는 내용의 논문입니다.

미국의 산업 중에서 장기적 거래 관계에 있는 341개 회사를 선정해서 상호관계를 조사하는 1차 연구를 진행했습니다. 그리고 그 결과를 확증하기 위해서 1000개 회사로 확대하여 상호관계를 조사했습니다. 핵심은 성과인데, 매출액의 증감, 지배 관계

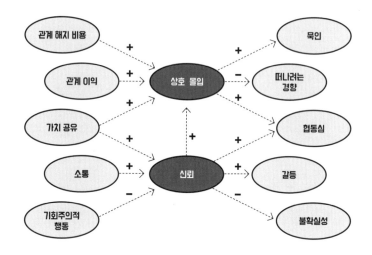

의 변화 등을 다양한 변수를 통해 측정했고, 결과는 두 개의 변수
에 의해 매출액이나 지배 관계 등이 변하는 것으로 나왔습니다.

＊

신뢰와 상호 몰입

위의 그림에서 왼쪽이 독립 변수이고 오른쪽이 결과 변수입니
다. 관계를 조정하는 수많은 요소 중에 독립 변수와 결과 변수
를 조정하는 요인 두 가지가 남는데, 바로 신뢰Trust와 상호 몰입

Commitment입니다. 상호 간에 신뢰할 수 있다면 장기적 관계에 들어가고 성과가 높아집니다. 서로 몰입할 때도 같은 결과가 나옵니다.

서로 몰입한다는 건 뭘까요? 나도 열심히 하고 상대도 열심히 한다는 말입니다. 만약 나는 열심히 하는데 상대가 열심히 하지 않으면 서로 간의 몰입은 깨지게 됩니다. 그러니까 상호 몰입이라는 건 서로 간의 약속을 지킨다는 말입니다. 결과적으로 개인과 개인, 조직과 조직 등 수많은 관계에서 장기간 관계를 유지하고 성과를 높이는 것은 신뢰와 약속입니다.

그런데 신뢰와 몰입의 관계가 재미있습니다. 둘 중 어떤 것이 다른 하나를 지배할까요? 만약 상호 몰입이 없으면 신뢰는 어떻게 되는지, 신뢰가 없으면 상호 몰입은 어떻게 되는지를 따져서 최종적으로 하나의 변수를 남겨보면, 신뢰가 남습니다.

*

플로우Flow

몰입은 심리학에서 아주 중요한 요소입니다. 몰입에서 한 발 더 나아가서 새로운 개념을 만든 사람이 있습니다. 바로 미하이 칙센트미하이Mihaly Csikszentmihalyi로, '플로우'라는 개념입니다. 서로 몰입하는 수준이 높아지면 우리가 행동하고 있는 사실을 잊어버리는 순간이 오는데, 그 상태를 '플로우'라고 합니다. 말 그대로 애써서 무언가를 하려 하지 않고도 저절로 흘러간다는 개념입니다.

그러니까 조직에서 일하는 사람들의 궁극적 목표는 상호 신뢰가 일어나서 몰입이 일어나고 그다음 플로우가 벌어지는 상태를 만드는 것입니다. 수만 마리의 벌과 개미가 말을 하지 않고도 일사불란하게 일하는 모습을 볼 수 있습니다. 이게 조직 행동의 마지막 목표입니다. 벌과 개미같이 움직이는 것.

어쨌든 조직 관계에서 가장 중요한 변수는 신뢰이고, 신뢰가 생겨서 업무에 대한 몰입이 이루어지면 성과가 좋아집니다. 가정을 생각해보세요. 부부 간에 상호 신뢰가 있습니다. 부부 사이에서 농담처럼 "우리는 의리로 사는 거야"라는 말을 하는데, 의리의 다른 말이 곧 신뢰입니다. 이 말 속에는 그만큼 신뢰가 쌓여 있다는 의미가 들어 있습니다. 그리고 신뢰를 바탕으로 몰입이 이루어지면 선순환 과정으로 들어가는 겁니다.

그래서 **리더**가 **갖춰야 할 덕목**에서
최종적으로 남는 건 **신뢰**입니다.

그러면 이제 우리가 살펴볼 것은 어떻게 하면 신뢰가 생기
는지, 또 어떻게 했을 때 신뢰가 깨지는지를 확인하는 것입니다.

약속을 하고,
약속을 지키는 것,

.
.
.

바로 신뢰입니다.

2.
신뢰의 조건

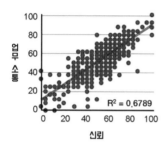 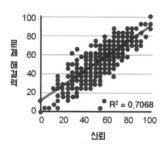

국내의 한 경제연구소에서 우리나라에 있는 1000개의 기업을 대상으로 신뢰에 따른 업무 소통 능력과 문제 해결력을 조사를 했습니다. 그 결과에 따르면, 그래프에서 보듯 신뢰가 높은 기업일수록 업무 소통과 문제 해결력이 증가합니다.

상호 신뢰가 높아지면 소통이 늘어난다는 것을 측정하는 간단한 지표가 있습니다. 바로 제안 횟수입니다. 제안이 많다는 건 신뢰가 있다는 거죠. 상호 신뢰가 있으면 소통이 늘어나고 소통이 늘어나면 자발적인 제안이 저절로 늘어나요. 만약 여러분 회사에서 직원들이 알아서 제안하는 게 없다면 신뢰와 반대되는 프로세스로 가고 있다는 겁니다.

신뢰를 바탕으로 소통이 늘고 그로 인해 제안이 늘어나는 것이 최선인데, 이게 제대로 이루어지지 않으니 우리나라 기업에서는 억지로 제안을 시킵니다. 1인당 월 몇 개를 제안하라고 하면 쓸데없는 제안이 늘어나게 됩니다. 쓸데없는 제안을 강제해서 문제를 해결하는 방법으로 기업이 성장했던 시기는 대략 2000년 이전까지입니다. 그 이후부터는 이 방법의 효율성이 상대적으로 낮아졌습니다.

이유는 무엇일까요? 두 가지로 요약할 수 있습니다. 과거에는 커뮤니케이션 네트워크가 작았습니다. 한 사람이 갖고 있는 네트워크가 많아야 150명 정도였습니다. 어떤 직원이 회사를 욕해도 150명만 거치면 끝났어요. 그런데 요즘은 SNS가 있습니다. 순식간에 수십만 명에게 퍼집니다. 소셜네트워크의 발전으로 한 사람의 네트워크의 범위가 매우 넓어진 겁니다.

두 번째 요즘 젊은 사람들은 옛날 젊은 사람들과 달리 하란다고 하는 사람들이 아닙니다. 그래서 신뢰가 늘어나야 소통이 많아지고, 제안이 많아지고, 문제 해결력이 근본적으로 바뀌게 됩니다. 이게 이루어져야 해요. 이 과정에서 궁극의 목표를 정해 주는 것이 리더의 역할입니다.

*

말과 행동의 일치

그러면 신뢰는 어떻게 결정이 될까요? 많은 연구가 진행됐는데 결과는 하나입니다.

말하는 것과 행동하는 것의 일치
이것이 신뢰를 결정합니다.

개인 간에는 말과 행동이지만,
기업은 고객에 대한 약속과 결과물의 일치입니다.

기업이 고객에게 약속하는 것과 최종적인 결과물이 일치되면 저절로 신뢰가 생깁니다.

그러니 말할 때, 약속할 때, 조심해야 합니다.

*

이목지신

이목지신移木之信은 나무를 이동시켜서 신뢰를 쌓는다는 말입니다. 진나라 때 상앙이라는 사람이 있었습니다. 상앙, 한비자로 대표되는 중국의 학문이 '법가'인데, 국가에서 정한 기준을 지키면 상을 주고 안 지키면 벌을 주는 겁니다. 상앙은 진나라의 기준을 세운 대단한 사람입니다. 하지만 나중에 자기도 스스로 만든 기준 때문에 죽습니다.

중국을 통일한 진나라의 진시황이 나라를 다스리는 기준을 세우려고 했는데, 백성들이 도무지 말을 듣지 않는 겁니다. 그래서 남문에 나무 하나를 심어놓고 백성들에게 공약을 합니다. 첫 번째 약속은 이 나무를 북문으로 옮기면 10금을 준다는 것이었어요. 10금이 얼마나 많은 상금인지 모르겠지만 적지 않은 양이겠죠. 하지만 사람들은 "나무 하나 옮긴다고 금을 저만큼 주는 게 말이 되나?"라고 생각하고는 아무도 옮기지 않았습니다. 그러자 진시황은 상금을 50금으로 올렸습니다. 대부분 피식 비웃고 마는데 한 사람이 속는 셈 치고 해보자면서 나무를 북문으로 옮깁니다. 그랬더니 즉시 50금을 받게 된 겁니다.

이 일이 있고 난 후부터 사람들은 "왕이 한 말은 믿을 수 있다"고 생각하게 됩니다. 국가에서 말한 건 지킨다는 기준점이 생기면서 상앙과 한비자의 법가 개념이 만들어진 것입니다.

바꿔 말하면

말하는 것과 행동하는 것의 불일치
약속한 것과 제시하는 것의 불일치
이런 상황이 벌어지면 신뢰가 무너집니다.

말하는 사람이 행동을 지키지 않으면 상대방의 첫 번째 반응은 화가 나겠죠. 저 사람이 약속한 것과 내가 받기로 한 것이 일치하지 않으니 관계가 붕괴되고 좌절하게 됩니다. 말한 것을 지키지 않았을 때의 파장은 엄청나게 큽니다.

*

격차 모형Gap Model

이목지신이라는 사자성어에 빗대어 설명한 내용을 소비자 행동에서는 격차 모형이라고 합니다. 서비스 품질이 어느 순간 망가지는가를 조사한 연구가 있는데, 서비스 품질이 망가지는 조건, 다시 말해 신뢰가 붕괴되는 조건은 궁극적으로 약속과 성과, 2개의 변수에 의해서 이루어집니다.

100을 약속했는데 99를 해줬습니다. 해준 사람은 '나는 참 대견해. 이 어려운 상황에서 99를 해주다니'라고 생각하는 반면, 받는 사람은 '100을 약속하더니 결국은 덜 줬네'라면서 약속을 어겼다고 생각합니다. 종종 보는 '100-1=0'이라는 말이 바로 격차 모형에서 나온 겁니다.

약속을 해서 기대감을 주고 실제 성과가 났는데
약속과 성과의 차이가 마이너스가 되면
신뢰감이 마이너스로 갑니다.
−1이나 −10이나 −20이나 별반 차이가 없습니다.
그냥 **약속을 안 지킨 것**으로 인식됩니다.

*

If Then

말하는 사람과 듣는 사람 사이에서 If Then 효과가 벌어집니다. 약속을 하는 사람은 "만약 우리가 이런 성과를 내면 나는 너에게 이런 결과물을 제공하겠다"라고 말을 합니다. 예를 들어 "국가 세금이 제대로 걷히면 저소득층에게 더 많은 혜택을 돌려드리겠습니다"라고 약속을 했다면, 말하는 사람에게 중요한 건 If인 데 반해, 듣는 사람에게 중요한 건 If가 아니라 Then입니다.

If Then 효과는 지위고하를 막론하고 말하는 사람과 듣는 사람의 차이에서 벌어지는 효과입니다. 그래서 반드시 말을 할 때는 조심 또 조심해야 합니다. 나는 약속을 지키려고 최대한 노력을 했다고 생각해도, 상대방 입장에서는 그렇지 않을 수 있습니다.

*

신뢰, 약속을 지키다

신뢰 = 성과 − 기대

신뢰는 성과에서 기대를 뺀 값입니다.
성과는 높이기가 어렵지만
기대는 높아지기가 너무 쉽습니다.

신뢰를 잃지 않기 위해서는 기대를 너무 높이지 않는 게 중요합니다. 기대가 높아지면 만족시키기 어렵고, 불만족시키면 소비자는 떠나가고 부정적 구전이 발생하게 됩니다. 사람은 먼 미래를 생각할 때는 긍정적이지만, 가까운 미래가 되면 부정적입니다. 여러분이 창업을 준비하고 있다고 생각해보겠습니다. 이런 일을 해서 저런 결과가 나오면 돈도 벌고 명예도 생기고 성공하게 될 거라고 장밋빛 미래를 그립니다. 먼 미래의 즐거움입니다. 그런데 점점 창업 시기가 가까워오면 괴로워지기 시작합니다. '잘 안 되면 어떡하지?' '우리 제품을 누가 찾아줄까?' '그냥 회사에 있을 걸 그랬나?' 등등 수많은 생각이 듭니다. 가까운 미래는 괴로움입니다. 이렇게, 사람은 먼 미래는 낙관하지만 가까운 미래는 비관하는 것이 인지상정입니다.

그런데 약속은 어느 순간에 나올까요?
약속은 먼 미래에 대해 하는 것입니다.
먼 미래는 낙관적입니다.
그래서 **지킬 수 없는 약속을 쉽게 남발**하게 됩니다.
먼 미래의 약속을 과도하게 하지 마십시오.
가까운 미래가 되면, 괴로워집니다.
먼 미래 보기를 가까운 미래 보듯이 하세요.

*

신뢰 = 약속한 것을 지키다

리더의 약속은 천금과 같습니다. 한 번 말하면 되돌리기 어렵습니다. 말하기를 조심해야 합니다. 대개의 경우, 대통령이 되면 처음에는 지지도가 높지만 시간이 갈수록 차차 낮아집니다. 왜 그럴까요? 약속이 점점 깨지기 때문입니다. 표를 얻기 위해 남발했던 수많은 공약이 자신을 향한 독화살이 되어 날아오기 때문입니다. 오죽하면 공약公約을 공약空約이라고 하겠습니까? 처음에는 즐겁지만 나중에는 괴로워지는 것, 그것이 약속입니다.

지금 리더의 위치에 계십니까?
리더를 꿈꾸고 계신가요?
그럼 약속을 조심하십시오.
말은 한 번 나가면 되돌릴 수 없습니다.
리더의 가장 흔한 실수,
"성과가 나면 이렇게 해줄게"입니다.
약속은 기대를 부르고,
기대는 불신에 이르기 쉽습니다.

*

약속을 지켜 나가는 전략, 베이퍼웨어vaporware

약속을 어기면 신뢰가 무너진다고 했습니다. 이 말을 바꾸면 약속을 지켜서 신뢰가 쌓이면 대박이 날 수도 있다는 게 됩니다. 약속이 과하고 성과가 낮은 게 아니라, 약속이 낮고 성과가 높은 경우에는 전혀 다른 일이 벌어집니다.

약속을 하고 성과를 냈을 때, 말한 것보다 조금 더 높은 만족도를 제공하면 사람들은 "와, 끝내준다!"라고 생각합니다. 100+1=101이 아니라 그 이상입니다. '저 사람은 내가 생각하지 못했던 결과를 제공해주는 사람이야'라고 생각하게 됩니다.

이런 효과를 베이퍼웨어라고 합니다. Vapor는 수증기라는 뜻입니다. 주전자를 뜨거운 불 위에 올려놓으면 물이 끓으면서 수증기가 올라와 뚜껑이 달그락달그락 움직이기 시작합니다. 그런데 실제로 물은 1/5밖에 없을 수도 습니다. 이처럼 실체는 많지 않은데 사람들의 주의를 끄는 메시지를 베이퍼웨어라고 합니다. 이 개념을 만들어내고 적용해서 시장을 이끌어간 사람이 바로 스티브 잡스입니다.

*

스티브 잡스의 베이퍼웨어

애플에서 아이팟 클래식이라는 MP3 플레이어를 출시했습니다. 스티브 잡스는 기대감을 심어주는 걸 정말 잘하는 사람입니다. 아이팟 클래식을 발표하면서 "6개월 뒤에 더 좋은 제품으로 만나겠습니다"라고 이야기합니다. 아이팟 클래식을 발표하는 자리에서 아이팟 클래식보다 더 좋은 제품을 내놓겠다고 한 거예요. 물론 구체적인 내용을 밝히지는 않았지만요.

그러고는 정말로 6개월 뒤에 아이팟 미니를 발표합니다. 6개월 전에 아이팟 클래식을 산 사람들은 기분이 어떨까요? 6개월 만에 신제품이 나오니 자신의 제품은 구형이 되어 어느 정도 화가 날 법도 한데, 6개월 뒤에 다시 아이팟 미니가 나오자 사람들은 열광하면서 이 제품을 또 구매합니다. 그 이유는 베이퍼웨어를 사용했기 때문입니다. 미리 약속을 하고 이것을 지키는 것입니다.

제품을 출시하면서 스티브 잡스는 아주 근사하게 이야기합니다. 6개월 전에 아이팟 클래식을 출시한 그날부터 어떻게 하면 더 좋은 제품을 만들 수 있을지 고민하기 시작했다고 합니다. 바지 주머니를 가리키며 "이 주머니는 아이팟 클래식을 위한 곳입니다"라고 하더니, 바지 주머니 위에 있는 아주 작은 주머니를 만지면서는 이 주머니는 어디에 써야 하는지를 20년 전부터 고민했다고 합니다. 그러고는 그 주머니에서 아이팟 미니를 딱 꺼내는 겁니다.

이게 바로 스티브 잡스의 베이퍼웨어입니다.

**약속을 하고,
약속을 지키는 것.
사람들을 기대하게 하고,
기대한 것 이상의**

결과물을 내는 것입니다.

안전을 위협하지 말 것,
정체성을 의심하지 말 것,
결정은 스스로 하게 둘 것.

3.
신뢰 붕괴의 3요소

신뢰는 말한 것을 지키지 않을 때 붕괴됩니다. 그리고 신뢰를 붕괴시키는 추가적인 요소가 있습니다. 다양한 연구 내용과 개인적 경험을 종합하면, 신뢰가 없어지는 요인은 크게 3가지입니다.

첫째는 안전에 대한 위협,
둘째는 정체성에 대한 공격,
셋째는 자기결정권에 대한 침해입니다.

신뢰를 무너뜨리는 공격 첫 번째는 안전에 대한 문제입니다. 안전은 두말할 나위 없는 문제입니다. 안전하지 않으면 곧 전쟁입니다. 먹고사는 것이 위협받으면 신뢰는 그냥 무너지는 겁니다. 안전에는 남북한 문제와 같은 국가적인 측면도 있지만, 리더와 조직원 사이에도 안전이 위협받는 상황이 벌어지면 견디기 힘들어집니다.

정체성에 대한 공격이 이루어지면 신뢰는 깨집니다. 정체성이란 자기 자신의 존재 이유로서 사람들이 가장 중요시 여기는 것입니다. 정체성을 공격받으면 사람들은 견디지 못합니다. 높은 위치에 있는 사람들이 주로 많이 쓰는 공격법이 정체성에 대한 공격입니다. 갑질이라고 표현되는 사건들의 핵심이 바로 정체성 공격입니다. 정체성은 그 사람이 가장 소중하게 생각하는 것이고 그 사람의 존재 이유가 되는 것인데, 정체성이 공격받으면 어떤 일이 벌어질까요?

2006년 독일 월드컵 결승전에서 벌어진 일입니다. 당시 프랑스 축구 대표팀의 핵심은 지네딘 지단이라는 선수였습니다. 이탈리아와 결승전을 치르는 도중에 지단이 갑자기 이탈리아의 마테라치라는 선수에게 박치기를 했습니다. 이 일로 지단은 퇴장을 당했고, 프랑스는 이탈리아에 져서 준우승을 하게 됩니다. 전 세계 사람들이 모두 지켜보고 있는 월드컵 결승에서 지단은 왜 이런 행동을 보였을까요?

슛을 실패하고 돌아가는 지단에게 마테라치가 무슨 말을 했습니다. 도대체 무슨 말이기에 지단이 참지 못했을까요? 두 가지 설이 있는데요. 당시 지단은 프랑스 대표팀 선수였지만 알제리 출신의 이민자였기에 자신의 출신에 대해 자격지심이 있었습니다. 그걸 마테라치가 건드렸다는 겁니다. 또 다른 설로는 마테라치가 지단의 누이를 욕보이는 말을 했다는 이야기가 있습니다. 어느 쪽이 맞는 말인지는 당사자들만 알겠지만, 확실한 건 마테라치가 지단의 정체성을 건드렸다는 것입니다. 정체성을 건드리는 순간, 월드컵 결승전은 중요하지 않게 되는 거죠.

신뢰 붕괴를 불러오는 세 번째 공격은 자기결정권에 대한 공격입니다. 사람은 누구나 스스로 판단하고 행동하려는 근본적인 욕구가 있습니다. 이걸 제한하고 공격하면 신뢰가 무너지게 됩니다. 어린아이들도 의사결정권을 빼앗으면 바로 반발합니다. 저녁 메뉴를 정할 때도 "쌀국수를 먹자"라고 말하기보다는 "쌀국수 어때?" "나는 쌀국수나 설렁탕이 괜찮을 것 같은데 네가 골라볼래?"라고 말하는 게 좋습니다. 강압적으로 끌고 가면 그 효과는 오래가지 않습니다. 그러니 성인들은 오죽하겠습니까?

더 기가 막힌 건, 사람은 자기가 결정을 하고 나면 위험한 일이어도 선택을 합니다. 흡연의 위험성에 대해 아무리 이야기해도 자기가 피우기로 결정한 사람은 죽음의 위험을 감수하고 담

배를 피웁니다. 히말라야에 오르다가 1년에 몇 명씩 사망하거나 실종되는 일이 벌어지지만, 스스로 결정하면 그 위험을 감수하고 히말라야에 도전하는 겁니다. 누가 시킨다고 할 수 있는 게 아닙니다. 자기가 스스로 결정했기 때문에 그에 따른 위험도 감수하는 겁니다.

그러면 옆에 있는 사람들, 팀원들에게 스스로 의사결정을 할 수 있도록 해주려면 무엇이 필요할까요? 영어로 표현하면 'Would you' 'Could you'의 관점을 갖는 것이 좋습니다. "이렇게 해라"가 아니라 "나는 이렇게 하는 게 좋을 것 같은데 네 생각은 어때?"라고 물어보는 겁니다. 이렇게 말하는 것이 그 사람의 의사결정권을 빼앗지 않는 방법입니다.

*

연결감과 분리감

신뢰를 붕괴하는 세 가지 요소, 안전에 대한 공격, 정체성에 대한 공격, 의사결정권에 대한 공격에 대해서 살펴봤습니다. 그런데 신뢰를 붕괴하는 요소 중에 이것들보다 더욱 중요한 것이 있습니다. 앞에서 본 세 가지는 기술적인 관점이었다면, 지금 말씀드리는 것은 정말 중요한 근본적인 관점입니다. 바로 연결감과 분리감입니다.

저는 강의를 시작하기 전에 항상 '전 오늘 수업에 참여하신 분들과 연결됩니다'라는 기도를 하고 시작합니다. 기도를 하고 나면 정말 연결되는 것을 느낍니다. 연결되고 나면 말이 조금 꼬여도 괜찮습니다. 상대방의 말을 저절로 알아듣게 됩니다. 상대방의 불편을 내가 먼저 알게 됩니다.

연결감의 반대는 분리감입니다. 분리감은 어떤 순간에 들까요? 상대방에 대해 판단과 평가를 하는 순간 분리감이 생깁니다. 그리고 잘난 척, 있는 척을 하는 순간 바로 분리감이 생깁니다.

그래서 저는 항상 누구를 만나든 만나는 동안에는 연결되는 것을 바랍니다. 연결되면 저 스스로 기쁘고 따뜻해지고 행복함을 느낍니다.

*

톨스토이의 단상

모든 행복한 가족들은 서로 닮았다. 그러나 불행한 가족들은 저마다
의 이유로 불행하다.

_톨스토이, 『안나 카레니나』

톨스토이의 말을 조직, 사람 사이의 관계로 바꾸면,

모든 행복한 사람 사이의 관계는
동일한 이유로 행복하고,
모든 사람들 사이에 벌어지는 불행은
서로 다른 이유로 불행하다.

그 바탕에는 연결감, 그 일을 사랑하는 것, 말하는 것과 행동
하는 것의 일치, 신뢰를 만드는 것, 그다음 상호 몰입하고 플로우
상태에 들어가는 것이 이어져야 합니다.

얼굴이 넓은 CEO가
더 좋은 성과를 낸다

오래전부터 과학자들은 성공하는 리더들의 신체적 특징을 연구해왔습니다. 어떤 신체적 특징이 성공하는 리더십에 영향을 줄까요? 외모를 통해 리더십의 성공 요인을 찾아보려는 시도는 대부분 실패했지만, 몇 가지 측면에서는 흥미로운 내용이 밝혀졌습니다. 그중 하나가 리더의 얼굴 넓이가 재무적 성과에 긍정적 영향을 미친다는 것입니다. 그러니까 리더의 나이, 키, 어깨, 피부 색깔 등은 기업의 재무적 성과에 영향이 없었지만, 리더의 얼굴 넓이는 영향을 준다는 것입니다. 왜 이런 일이 벌어지는 것일까요?

동물의 세계를 잠깐 생각해보겠습니다. 동물의 왕이라고 불리는 사자는 얼굴이 넓고 큽니다. 코끼리의 얼굴도 넓고 큽니다. 코뿔소도 크고, 하마도 크고, 들소, 호랑이의 얼굴도 큽니다. 먹이사슬의 최상위에 있는 동물들은 대개 얼굴이 넓고 크다는 공통점이 있습니다. 얼굴이 넓고 커서 최상위에 올랐는지, 최상위에 오르다 보니 얼굴이 커진 것인지는 알 수 없지만, 재미있는 점은 높은 지위에 있는 동물들의 대부분은 얼굴이 넓고 크다는 것입니다. 혹시 얼굴의 넓이와 크기가 리더십의 표상이 되는 것일까요?

흥미롭게도 사람에게서도 유사한 결과가 도출되었습니다. 비교적 최근에 얼굴 넓이와 재무적 성과 간의 관계를 살펴본 두 편의 연구가 발표되었습니다. 이 두 편의 연구는 얼굴 크기와 재무적 성과 간에 상호 연관성이 높다는 것을 병행적으로 보여주고 있습니다. 먼저 영국 서섹스 대학교의 수아 알라지Shuaa Alrajih 교수 연구팀의 연구부터 간략히 살펴보겠습니다.

연구팀은 얼굴의 특징 중 특히 CEO 얼굴의 넓이와 높이의 비율에 관심을 두었습니다. 구체적인 비율은 눈과 입술까지의 높이, 그리고 오른쪽 귀와 왼쪽 귀까지의 넓이의 비율이었습니다. 그러니까 귀와 귀까지의 넓이에서 눈과 입술까지의 높이를 비율로 표시하는 것입니다. 이것을 연구자들은 FWH 비율facial width-to-height ratio이라고 정의했습니다. 즉 FWH 비율은 넓이/높이가 됩니다. 일반적으로 사람의 FWH 비율은 1.6~2.3 사이의 값이 나온다고 합니다.

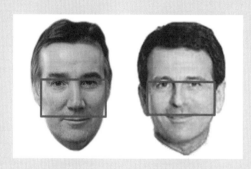

비율이 크면 얼굴이 넓은 것이고, 작으면 작을수록 얼굴은 갸름한 것입니다. 연구팀은 주요 기업의 리더들과 일반인들의 FWH 비율에 차이가 있는지 살펴보고자 했습니다. 이를 확인하기 위하여 영국 종합주가지수 UK FTSE에 등록된 상위 100개 기업의 CEO들의 얼굴 사진 100개를 모아 FWH 비율을 구성했고, 또 일반인의 얼굴 사진 100개를 무작위로 뽑아 무작위로 FWH 비율을 구성했습니다. 그 결과는 어떻게 나타났을까요?

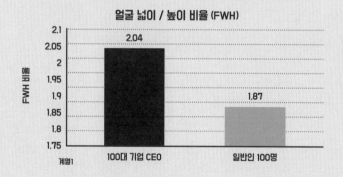

영국 상위 100대 기업 CEO의 얼굴 넓이/높이 비율은 평균 2.04로 나타났고, 일반인 100명의 비율은 평균 1.87로 나타났습니다. 그러니까 영국 상위 100대 기업의 CEO들은 얼굴이 일반인보다 더 넓다는 것이죠. 매우 흥미로운 결과가 아닐 수 없습니다. 이 정도 차이는 통계적으로 유의미한 수준입니다. 연구자들은 조금 더 나아가, CEO들의 얼굴 넓이와 능력에 대한 상관관계를 추가적으로 살펴보았습니다.

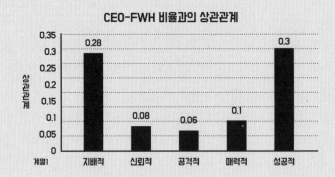

CEO-FWH 비율과의 상관관계

영국 100개 기업의 CEO의 얼굴 넓이와 CEO 능력에 대한 평가 결과, CEO의 얼굴이 넓으면 넓을수록 더 지배적이고 더 성공적이라는 상관관계가 도출되었습니다. 반면 CEO의 얼굴 넓이와 신뢰성, 공격성, 매력성과는 큰 연관이 없는 것으로 나타났습니다. 그러니까 얼굴이 넓으면 넓을수록 더 지배적이고 더 성공적이라는 사회적 신념이 저변에 깔려 있다고 볼 수 있는 것입니다.

그렇다면 한발 더 나아가, 실제로 CEO의 얼굴이 넓으면 기업의 성과가 좋아질까요? 이 흥미로운 내용을 미국 위스콘신 대학교의 엘레인 웡 Elaine M. Wong 연구팀이 추가적으로 연구했습니다. 이들은 알라지 교수 연구팀이 사용한 FWH 비율을 그대로 사용했고, 구체적으로 기업의 재무적 성과와의 관계에 집중했습니다.

이들 연구팀은 2010년 경제지 〈포춘〉이 선정한 500대 기업 CEO 55명의 얼굴을 인터넷으로 수집하여, FWH 비율과 기업의 재무적 성과와의 관계를 회귀분석으로 살펴보았습니다. 그 결과는 어떻게 나왔을까요? 역시 재미있게도 얼굴 넓이가 넓은 CEO들의 기업들이 더 높은 재무적 성과를 보이는 것으로 나타났습니다.

CEO의 나이나 기업의 크기는 기업의 재무적 성과에 영향을 미치지 않았지만, CEO의 얼굴 넓이는 기업의 재무적 성과에 매우 큰 영향을 미치는 것으로 나타났습니다. 특히 해당 기업의 의사결정 구조가 복잡하기보다는 간단하게 진행될 때, 이들 CEO의 얼굴 넓이가 재무적 성과에 더 큰 영향을 주는 것으로 나타났습니다.

이들 두 연구를 종합한다면, CEO의 리더십을 상징하는 가장 의미 있는 지표는 얼굴 넓이-높이 비율이라고 볼 수 있습니다. 왜 이런 결과가 나온 것일까요? 그것은 아마도 더 넓은 얼굴 비율의 CEO가 보다 더 결단성

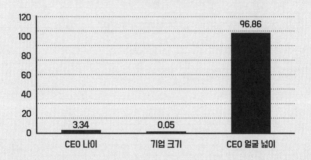

기업 재무 성과 영향력 지수(Beta)

있고 의사결정을 잘 내리는 CEO라는 일반적 고정관념이 작용하는 것으로 보이기 때문입니다. 넓은 얼굴이 보다 더 위압적인 성격을 보여주고, 남성적으로 보이며, 추진력이 있어 보이기 때문일 것입니다. 독일의 메르켈 총리가 오랫동안 총리직을 역임하는 이유도 얼굴의 넓이가 상대적으로 넓기 때문인지도 모릅니다.

신체적 특징으로 사람을 평가하려는 것은 인간의 기본적 경향입니다. 세세한 성격과 능력의 정도를 일일이 따져보지 않고도 미래의 성과를 예측해볼 수 있기 때문이죠. 비록 외모의 특성과 기업의 성과를 연관시키는 연구는 한정되었지만, 얼굴의 넓이와 미래의 성과를 예측해볼 수 있는 재미있는 연구 결과가 아닐 수 없습니다. 간단한 상식으로 기억해두면 좋겠습니다. 얼굴의 더 넓은 사람이 더 높은 성과를 내기에 유리합니다. 그 이유는 무엇인가요? 얼굴이 갸름한 경우보다 넓은 경우를 보다 리더에 적합하다고 생각하는 경향이 높기 때문입니다.

TOPIC 4.
리더십과 기업 문화 구축

눈에 보이지 않아도,
귀에 들리지 않아도,
동기는 얼마든지 높아질 수 있습니다.

듣지 못한 분위기도 영향을 주는가?

리더십 네 번째 주제는 기업 문화입니다. 지금까지 다룬 주제가 말을 하는 방법, 신뢰를 쌓는 방법 등 명시적인 것들이었다면, 기업 문화는 명시적인 건 아닙니다. 도대체 기업 문화가 뭘까요? 명확하지 않습니다. 하지만 가장 간단한 문화의 차이만으로도 사람들의 행동이 바뀌는 것이 보인다면, 조금 더 구체적인 문화의 변화는 더 큰 효과를 불러올 수 있다고 볼 수 있을 겁니다.

＊

동기를 예열하다Priming Motivation

동기를 예열한다는 건 어떤 의미일까요? 예열의 학문적 표현은 '프라이밍'인데, 프라이밍이란 사전에 특정 단서를 제공해서 단서에 맞는 행동을 유도하는 것을 말합니다. 예를 들어 제가 여러

분에게 우선 따뜻한 커피와 함께 따뜻한 에피소드를 하나 이야기합니다. 그러면 순간적으로 따뜻한 느낌으로 분위기가 흘러가겠지요. 이렇게 앞에서 특정한 개념을 활성화시키면 이후의 대상에 영향을 주게 되는데, 이것을 프라이밍, 예열 효과라고 합니다.

그런데 재미있는 것은 동기도 예열이 된다는 겁니다. 진짜 그럴까요? 캐나다 오타와 대학교의 라델 연구팀은 매우 짧은 시간 동안 동기를 높이는 프라이밍을 진행했는데, 이 연구로 간단한 메시지로도 동기 수준을 높일 수 있다는 것이 증명되었습니다. 알아듣지 못하는 메시지로도 동기 수준을 높일 수 있다면, 알아들을 수 있는 메시지로는 동기 수준을 훨씬 강력하게 높일 수 있겠지요. 이들의 연구를 간략히 살펴보겠습니다.

이들 연구진은 68명의 대학생을 두 개의 그룹으로 나누고 틀린 그림 찾기를 시켰습니다. 그리고 첫 번째 그룹에게는 내적 동기를 높이기 위해 pleasure, interest 등의 긍정적인 단어들을 아주 짧은 시간 동안 들려줬습니다. 틀린 그림 찾기에 몰두했던 피험자들은 어떤 소리가 있었다는 것을 거의 알아차리지 못했습니다. 알아들을 수 없는 소리가 그냥 스쳐 지나간 정도입니다. 두 번째 그룹에게는 틀린 그림 찾기를 하는 동안 아무 소리도 들려주지 않았습니다.

9분간 36회의 틀린 그림 찾기와 단어 맞히기를 진행하고, 프라이밍을 위해 들려주었던 단어와 관련된 단어를 얼마나 많이 찾았는지, 얼마나 빨리 답을 찾았는지, 그리고 어려운 문제에 대하여 얼마나 오랫동안 참고 풀어냈는지를 측정했습니다. 결과는 매우 일관되게 나왔습니다.

	동기 예열 집단	통제 집단
단어 완성 시간	10.3초	11.8초
참는 시간	48.5초	42.5초

단어 완성에 걸리는 시간을 보면 프라이밍 그룹은 10.3초, 일반 그룹은 11.8초입니다. 근소한 차이이기는 하나 동기를 예열시킨 그룹이 통계적으로 더 빠르게 단어를 완성시켰습니다. 어려운 문제를 풀기 위해 얼마나 인내심을 발휘했는지를 측정해보니, 동기 예열 그룹은 48.4초, 일반 그룹은 42.5초를 견뎌냈습니다. 프라이밍 그룹이 인내심을 더 발휘한 것으로 나타났습니다.

이 연구로 사람들이 인식하지 못하는 수준으로 동기와 관련된 단어를 들어도 더 높은 성과를 만들어내고, 참을성도 증가하고, 문제를 푸는 속도까지 증가한다는 결과를 얻었습니다.

사람들이 인지하지 못하는
아주 **짧은 수준**으로도 이 정도 **효과**가 나오는데,
리더가 기업이 가져야 하는 **명분**과 **의미**를 정리해주고,
행동 규범을 만들어주고,
명시적인 문화를 만들어주고,

이것을 **의식화**하고,
적당한 수준에서 **보상**까지 이루어진다면
그 결과는 어떻게 될까요?

세계 1등

손톱깎이의 0.02mm

.

.

.

**사소한 차이가
전혀 다른 결과를 가져옵니다.**

2.
사소한 차이가
좋은 결과를 유도할까?

프랭클린 앤드 마셜 칼리지의 앨리스 아이젠 연구팀은 사소한 차이에 따라 다른 사람을 돕는 일이 어떻게 바뀌는지를 보기 위한 실험을 진행하였습니다. 필라델피아에 있는 2개 대학 도서관에서 24명을 두 그룹으로 나누어 이들 피험자 앞에서 책과 필통 등을 떨어뜨립니다. 필통이 떨어지면 그 안에 볼펜이 흩어지고 그걸 주섬주섬 줍게 될 겁니다. 그때 옆 사람들이 도와주는지를 관찰했습니다.

이때 조건을 두 가지로 나누어 실험을 진행합니다. 그룹 A는 일반적인 상황입니다. 그룹 B는 예상치 못하게 쿠키를 제공받은 집단입니다. 도서관 앞에서 무료로 쿠키를 받은 사람과 안 받은 사람이 다른 사람이 도움이 필요한 상황이 되었을 때 어떤 반응 차이를 보일까요? 오직 작은 쿠키 하나를 받고 못 받고의 차이입니다.

16.7%와 69%

쿠키를 받지 않은 사람은 16.7%가 떨어뜨린 물건 줍는 걸 도와주고, 쿠키를 받은 사람은 69%가 도와줍니다. 쿠키 하나를 받은 것뿐인데 남을 도와주는 사람의 비율이 4배 이상 높아집니다. 실험 상황을 모르는 사람들에게 쿠키를 못 받은 집단의 결과를 보여주면 야박하다고 할 것이고, 쿠키를 받은 집단의 결과를 보여주면 따뜻하다고 할 것입니다. 결과만 보면 틀리지 않습니다. 그런데 이 상황을 결정지은 건 고작 쿠키 하나입니다.

*

10센트

이처럼 작은 행운이 어떤 영향을 미치는지 알아보기 위하여, 연구팀은 두 번째 실험을 진행했습니다. 공중전화 부스에서 진행되었는데, 전화를 끊었을 때 10센트 동전이 나오는 경우와 그렇지 않은 경우로 나누어서, 두 상황의 사람들이 다른 사람을 얼마나 도와주는지 관찰했습니다. 10센트면 100원 정도밖에 안 되는 작은 금액입니다. 이 정도의 작은 행운이 온다면, 타인을 돕는 행동이 바뀔까요?

결론은 '그렇다'입니다. 전화기에서 예상치 않은 10센트를 받은 사람들 중에 여자는 8명 전원이, 남자는 7명 중 6명이 남을 도와준 것으로 나타났습니다. 공중전화에서 통화를 마치고 수화기를 내려놨는데 동전이 나오면 행복해지겠죠. **내가 행복해지면 남을 도우려는 의지가 순간적으로 높아지는 겁니다.**

앨리스 아이센 연구팀은 실험을 더 확장하기로 했습니다. 앞의 실험에서는 책이나 볼펜을 주워주는 사소한 도움이었는데, 다소 귀찮은 행동을 해야 하는 경우에도 작은 행운은 영향을 줄 수 있을까요?

연구팀은 필라델피아 공항과 펜 센트럴 기차역 소재 공중전화에서 실험을 했습니다. 주소는 적혀 있지만 우표가 없는 편지를 부쳐주는지를 확인하는 실험이었는데, 꽤 먼 거리에 있는 우체국에 가서 직접 우표를 사서 편지를 부쳐야 하는 수고스러운 일입니다. 이번 역시 공중전화 수화기를 놓았을 때 10센트 동전이 나오는 집단과 안 나오는 집단으로 나누어 관찰을 했습니다.

10센트 동전이 나오지 않은 집단은 10%만 우표를 사서 편지를 부쳐주는데, 10센트 동전이 나온 집단은 76%가 우표를 사서 편지를 부쳐주었습니다.

이처럼 작은 행운에도
사람들의 긍정적 행동은 증가합니다.
이 실험 결과를 기업에 적용하면 어떨까요?

해줄 거라 예측하고 있을 때 해주면 기쁨이 없습니다.
준다고 하고서 주지 않으면 기분은 더 안 좋아집니다.
예측하지 못했는데 사소한 선물이 왔을 때
기분이 좋아지는 겁니다.
그리고 사람은 기분이 좋을 때
예상을 뛰어넘는 일을 하기도 합니다.

여러분이 조직의 리더라면,
이런 프로그램을 진행해보시길 권해드립니다.

생각하지 못한 사소한 즐거움을 주는 프로그램.

2천 원 미만의 금액으로 직원들을 기쁘게 해줄 수 있는 작은 선물을 준비해보는 것은 어떨까요?

CEO, 웃지 않으려거든
가게 문을 열지 마라

유대인 격언에 '웃지 않으려거든 가게 문을 열지 말라'는 표현이 있습니다. 무엇보다 웃는 얼굴이 중요하다는 표현일 것입니다. 현대 사회에서 유대인이 정치계는 물론이고 세계 경제에 미치는 영향은 막대합니다. 페이스북을 설립한 마크 저커버그, 구글을 설립한 래리 페이지와 세르게이 브린, 델컴퓨터 창립자인 마이클 델, 세계적 투자자인 조지 소로스 등 비즈니스 업계에 영향을 주고 있는 유대인은 셀 수 없이 많습니다. 그렇다면 웃음에 대한 유대인의 철학이 진짜 비즈니스 현장에서 효과가 있는 것일까요?

비즈니스를 하다 보면 자연스럽게 사람의 마음을 얻어야 하는 순간들이 많습니다. 설득할 때, 협상할 때, 물건을 팔아야 할 때, 취업 면접을 할 때 등입니다. 이처럼 상대방의 마음을 얻어야 하는 중요한 순간에 웃음은 긍정적 영향을 미칠까요? 미국 워싱턴 대학교의 채드 히긴스 교수 연구팀은 웃음이 소비자 선택에 상당한 영향을 미친다는 점을 실증연구를 통해 증명했습니다. 연구팀은 기업의 최종 면접 상황을 선택하여 웃음이 면접에 미치는 영향을 다각도로 살펴보았습니다. 어떤 결과가 나왔을까요?

채드 히긴스 연구팀은 기업의 최종 면접 상황을 살펴보기로 했습니다. 그 이유는 최종 면접이야말로 짧은 순간에 사람의 마음을 사로잡아야 하는 긴장된 순간이기 때문입니다. 이들은 먼저 면접관들에게 어떤 점이 인원 선발의 중요한 기준인지 질문했습니다. 여러 기업 면접관들의 의견을 모은 결과, 이들의 인원 선발 기준은 크게 2가지로 집중되었습니다. 첫째, 회사가 요구하는 역량을 지금 갖고 있어야 하고, 둘째, 장기적 발전 가능성이 있어야 한다는 것입니다. 이런 기준은 매우 타당해 보입니다. 논리적으로 생각해보더라도 기업의 요구 역량에 부합하고 장기적인 발전성이 있는 사람이 선발되는 게 당연하겠지요.

그렇다면 이들 면접관들의 기준대로 최종 선발이 이루어졌을까요? 이에 대한 답은 "그렇지 않다"입니다. 이것이 채드 히긴스 연구의 핵심이었습니다. 연구 결과에 따르면 전혀 다른 메커니즘이 작용하고 있었습니다. 연구 내용을 간단하게 살펴보겠습니다. 히긴스는 워싱턴 대학교 인문학부 학생 116명을 선발하여 3번에 걸친 설문을 시행하고, 면접관을 통해 실제 면접을 진행하는 것을 추적 관찰했습니다. 이때 측정된 변수는 크게 4가지였습니다. 학교 성적, 업무 경험, 자신을 어필하는 정도, 그리고 마지막으로 웃음짓는 정도였습니다. 이들 4가지 요인이 실제 선발에 영향을 주는지 3명의 관찰자가 보이지 않는 곳에 숨어서 측정했습니다.

결과는 아주 재미있게도 웃는 얼굴(자신감 있는 태도)이 면접 채용에 가장 큰 영향을 미치는 것으로 나타났습니다. 반면에 대학 성적, 업무 관련 경력, 자신에게 충분한 능력이 있다는 주장은 면접 채용에 큰 영향을 주지 못하는 것으로 나타났습니다. 면접관들은 업무 관련 능력과 미래 잠재력을 측정하겠다고 했지만 실제로는 이런 내용이 인원 선발에 미치는 영향력은 상대적으로 작았고, 대신에 잘 웃는 정도와 자신감 있는 태도가 훨씬 더 크게 영향을 미치고 있었습니다.

왜 이런 일이 벌어진 것일까요? 그 이유는 크게 2가지 때문입니다. 첫째, 면접관들은 회사의 요구 역량과 장기적 미래 발전성을 측정하고 싶었지만, 이것을 구분해내는 것이 어렵기 때문입니다. 지원자들의 학교 성적은 차이가 날 만큼 크지도 않거니와, 그 점수 차이가 실제 비즈니스의 성과에 어떤 영향을 주는지 예측하기도 어려웠던 것입니다. 업무 관련 경력 역시 변별력 있는 도구가 되지 못했고, 자신이 훌륭한 지원자라고 설득하는 면접 대상자의 자기주장도 면접관들에게는 중요한 단서가 되지 못했습니다. 일반적으로 최종 면접까지 올라온 사람들은 능력이나 경력이 유사한 경우가 많기 때문이죠.

반면에 활짝 웃는 얼굴, 자신감 있는 태도, 눈을 마주치는 행동 등은 면접 대상자마다 차이가 있었습니다. 잘 웃는 모습에 면접관들은 호감을 갖게 되었고, 이 호감은 업무 적합도가 높은 것으로 판단하게 하여, 최종 선발에 유효한 영향력을 미치는 것으로 나타났습니다.

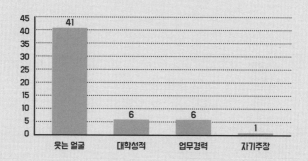

면접-채용 영향력(%)

즉 웃음이 최종 면접에서 대학 성적이나 업무 경력, 자기주장보다 훨씬 더 중요한 역할을 하고 있는 것입니다. '웃지 않으려거든 가게 문을 열지 말라'는 유대인의 격언이 진정 영향력을 미치는 것으로 밝혀진 것입니다. 그만큼 비즈니스 상황에서 웃음은 중요한 역할을 하고 있습니다.

미국뿐 아니라 한국에서도 유사한 결과가 나왔습니다. 웃음에 관한 또 다른 연구(김상희 교수, 전남대)에서는 웃음이 고객 충족에 미치는 영향을 조사했습니다. 다양한 요소를 측정해서 실제 고객 충족에 얼마나 영향을 미치는지 살펴보았습니다. 그 결과, 좋은 서비스나 꼼꼼한 설명보다는 고객에 대한 적극적 동조, 미소와 웃음이 더 큰 영향을 미치는 것으로 나타났습니다.

고객 충족(%)

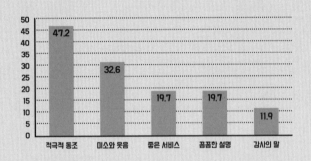

이처럼 웃음은 매장에서의 선택 순간에도 막강한 영향력을 미칩니다. 사람은 논리적인 것을 좋아하지만, 더 근본적으로는 감성적인 것을 좋아합니다. 웃음은 그 어떤 것보다 사람의 마음을 움직이는 강력한 효과가 있습니다.

웃음의 효과는 이것만이 아닙니다. 웃음은 일상생활에서도 큰 영향을 미칩니다. 버클리 대학의 하커와 켈트너 교수는 30여 년간의 추적 조사를 통해, 여성들의 미소짓는 습관이 현재 생활에 어떤 영향을 미치는가를 연구했습니다. 그 결과 30여 년 전 활짝 웃는 습관을 갖고 있던 여성들이 예쁘고 안 예쁘고에 상관없이 현재 결혼 생활에 더 만족했고, 이혼율은 더 낮았으며, 사회적으로도 더 활동적이고 성공적이었습니다. 이 연구는 다른 모든 변수는 통제한 상태에서 오직 웃음을 습관적으로 지었느냐 안 지었느냐에 관심을 둔 연구입니다. 그 결과는 매우 극적으로 달라집니다. 그러니까 웃는 얼굴 하나만으로도 그 사람의 미래에 벌어질 많은 것들을 예측할 수 있습니다. 웃음이 사회생활에 미치는 영향에 대한 연구는 한결같이 좋다는 결론이 나옵니다. 더 놀라운 것은 억지웃음도 저절로 나오는 웃음만큼 좋은 효과를 보인다는 것입니다.

웃음은 자기 자신에게도 도움이 되지만, 타인을 기쁘게도 합니다. 그 결과 웃는 사람이 최종 면접에서 더 많이 선택되고, 웃는 사람이 파는 물건을 더 많이 구매하게 되고, 웃는 사람이 더 행복해집니다.

날로 경쟁이 치열해지고 있습니다. 그만큼 스트레스도 늘어나고 있습니다. 무엇이 가장 효과적이고 간명한 대응책이겠습니까? 웃는 것입니다. 오늘 하루도 웃으면서 시작하고 웃으면서 끝내시길 바랍니다. 억지로라도 웃으면 저절로 웃는 것에 버금가는 효과가 나오니까요.

지금 주변을 살펴보세요.

누군가 외로움에 몸부림 치고 있지 않나요?

1.
관계 속 외로움

행복의 결정적인 요소는 관계입니다. 성공을 결정짓는 요소가 크게 두 가지인데, 능력과 관계입니다. 사람이 성장하는 데는 능력이 중요합니다. 능력이 좋으면 집단 간 이동이 가능해집니다. 그리고 관계가 좋으면 집단 내의 만족감을 높여줍니다.

집단 간 이동과 집단 내 행복 중 어느 것이 중요할까요? 이건 개인의 가치관에 따라 다를 겁니다. 하지만 시간이 지날수록 능력보다 관계가 중요하다는 것을 깨닫게 됩니다. 지금까지 능력과 관련된 이야기를 했으니, 다섯 번째 주제로 관계에 대한 이야기를 하려고 합니다.

＊

유전자와 행복

이번에 살펴볼 논문은 「National Happiness and Genetic Distance」, '국민의 행복감과 유전자 거리의 관계'라는 제목의 논문입니다. 2014년 영국 워윅 대학교에서 진행한 연구로, 계속 진행 중인 논문입니다. 우리 몸속의 유전자 중에 세로토닌과 관련된 5-HTTLPR이라는 유전자가 있습니다. 세로토닌은 행복감에 대한 물질인데, 5-HTTLPR이 짧으면 세로토닌 분비가 1/3 줄어든답니다. 세로토닌 분비가 줄면 행복감을 덜 느끼게 되는 겁니다.

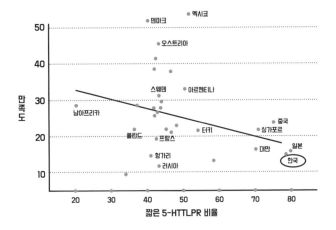

국가별로 5-HTTLPR의 길이를 측정한 그래프를 보면 한국 사람들은 유전적으로 짧은 5-HTTLPR이 80% 정도입니다. 그러니까, 한국 사람의 80%가 5-HTTLPR이 짧다는 말입니다. 한국, 일본, 중국, 동아시아 3국이 짧은 사람이 가장 많은 편입니다. 이유는 유전적인 겁니다.

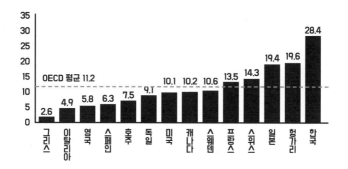

OECD 국가 자살률 비교

그런데 자살률을 보면 유전자가 비슷한 일본과 중국에 비해 한국이 월등히 높습니다. 10만 명당 자살하는 사람의 숫자가 OECD 국가 중에서 1등입니다. 그러니까 한국은 유전적으로도 우울하고 환경적으로도 우울한 요소가 많은 편입니다. 그래서 관계 품질의 개선이 필요합니다.

*

관계 개선의 욕망

유전적, 환경적 영향으로 우리는 자기도 모르게 관계 개선에 대한 욕망이 큽니다. 천국을 보고 싶다면 가까운 사람을 사랑하고, 지옥을 보고 싶다면 가까운 사람을 미워하라고 합니다. 가족과의 관계가 좋으면 모든 일이 행복하고, 가족과의 관계가 안 좋으면 모든 일이 엉망이 되는 경험, 다들 있으실 겁니다.

이걸 조직으로 보면

리더가 팀원을 사랑하면 천국,
리더가 팀원을 미워하면 지옥,
팀원이 리더를 사랑하면 천국,
팀원이 리더를 미워하면 지옥
입니다.

외로움은 순식간에 찾아온다

외로움에 대한 연구를 보겠습니다. 외로움이란 외면당하는 순간 발생합니다. 조직에서 외면하는 일이 생각보다 많이 벌어집니다. 외면한다는 건 그 사람의 말을 귀담아듣지 않고 무시하는 거죠.

미국 퍼듀 대학교의 키플링 교수 연구팀은 외면이 벌어지면, 얼마나 빨리 외로움을 느끼는지 살펴보았습니다. 인터넷으로 3명의 사람들이 서로 공을 주고받는 컴퓨터 게임을 진행합니다. 플레이어1이 플레이어3에게, 플레이어3은 플레이어2에게, 플레이어2는 플레이어1에게 공을 패스하게 합니다. 서로가 원활하게 패스를 할 때에는 모두 행복합니다.

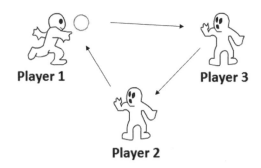

그런데 이 행복을 순식간에 깨뜨릴 수 있습니다. 프로그램을 조작해서 플레이어2에게 공이 가지 않도록 하는 겁니다. 플레이어3이 아무리 플레이어2에게 공을 보내도 플레이어1에게만 공이 가도록 하는 겁니다. 공은 플레이어1과 3 사이에서만 움직입니다. 그러면 무슨 일이 벌어질까요?

*

2~3분이면 외로움 증폭

이렇게 되면 플레이어1과 3은 "할 수 없지" 하며 상관없이 계속 공놀이를 합니다. 근데 놀랍게도 플레이어2는 공놀이에서 제외되면 불과 2~3분 만에 고통 상태에 빠지게 됩니다.

이들의 연구 결과에 따르면, 2~3분간의 외면으로도 외로움과 불행감은 상승하고 만족도는 떨어집니다. 조직에서도 공놀이 게임과 마찬가지입니다. 내가 보내는 신호가 이 사람이 아니라 저 사람에게로 가면, 나는 아무 문제가 없지만 신호를 받지 못한 사람은 문제가 생깁니다.

왜 이런 일이 벌어질까요? 그것은 소속 욕구Need to Belonging

가 깨졌기 때문입니다. 소속 욕구가 채워지지 않으면 그대로 좌절하고 분노하게 됩니다. 자존감이 하락하고 통제력이 하락합니다. 공격 욕구가 생깁니다. 그러니까 기분이 좋아질 일은 몇 가지 없지만 기분을 망치는 일은 너무 많습니다.

한국인의 외로움 정도는
OECD 36개국 중 34위,
어려울 때 도와줄 사람이 전혀 없다고
응답한 사람이 25%입니다.
생각보다 우리 주위에
외로움으로 고통받는 사람이 많습니다.

당신의 팀원,
가족, 친구일 수도 있습니다.

함께할 때 우린,

두려울 것이 없었다...

2.
외면의 강력함

외면하는 것과 괴롭히는 것 중 어느 것이 더 강력할까요? 캐나다 오타와 대학교의 오레일리 연구팀은 아마존 데이터베이스를 통해 1300명의 사람을 대상으로 외면당했을 때의 심리적 상태를 조사했습니다. 결론부터 말씀드리면 외면하는 것이 나머지 모든 문제의 원인 변수가 되었습니다.

여러분들이 누군가에 의해서
외면, 무시받고 내 존재감이 박탈당하면
소속감이 현격하게 떨어집니다.
소속감이 떨어짐으로써
좌절 상태가 되고, 건강 문제가 생깁니다.
건강이 20% 나빠지고
직업 만족도는 78%가 떨어집니다.

그러니까 외면받는 순간 사람은 나가떨어지는 겁니다.

*

외면 극복

외면받는 것이 이렇게 무서운 것임을 확인했습니다. 그러면 관계 속의 외로움을 어떻게 극복할 수 있을까요? 지금 우리의 주제는 능력을 관리할 것이냐, 관계를 관리할 것이냐죠. 리더십은 관계 관리에 속합니다. 관계 관리는 '관계 속에서 외로움을 어떻게 극복할 것인가'가 포인트입니다.

결론부터 말씀드리면 소울 메이트 Soul Mate**만 있으면 이 모든 문제는 현저하게 줄어듭니다.**
밖에서 온갖 스트레스를 다 받아도 집에 가서 가족들과 따뜻한 얘기를 하면 충분히 견딜 만해집니다. 자녀들의 얼굴을 보면서 이야기하면 다 극복할 수 있습니다. 가까운 사람들과 신뢰할 수 있는 관계에 있으면 어떤 문제든 해결할 수 있어요. 결론은 소울 메이트입니다. 소울 메이트가 확장되면 소셜 플로우 Social Flow가 됩니다.

함께하는 즐거움

소울 메이트가 있는 것과 없는 것의 차이를 보겠습니다. 미국 세인트보나벤처 대학교의 찰스 워커 연구팀은 소울 메이트의 효과를 측정했습니다. 이들은 친구와 함께하는 게임과 혼자 하는 게임을 만들어서 참가자들의 즐거움을 측정했습니다. 125명의 대학생들을 대상으로 노 젓기 게임, 배구 게임 등을 하도록 했는데, 혼자 하는 그룹과 친구와 함께하는 그룹으로 나누어서 진행했습니다.

그 결과 혼자 할 때 즐거움이 4.45이고 친구와 함께할 때 즐

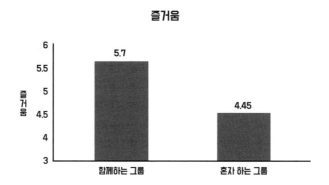

거움이 5.7입니다. 혼자 하면 재미가 덜한 겁니다. 이런 건 우리 일상에서도 많이 느낄 수 있습니다. 볼링을 친구들과 함께 치면 별것 아닌 일에도 박수치고 하이파이브를 하고 난리가 납니다. 그런데 혼자 가서 스트라이크를 치면 어떻습니까? 아무것도 아 닌 겁니다. 혼자 하는 건 별 의미가 없습니다. 친구와 함께하는 것이 재미있습니다.

*

소울 메이트

여기서 관계에 대한 이슈가 나오는데, 깊은 관계를 맺을 것이냐, 얕은 관계를 맺을 것이냐의 문제가 나옵니다. 많은 수의 친구가 있는가, 소울 메이트가 있는가?

하버드 대학교의 조지 베일런트George Vaillant 교수가 진행하 고 있는 연구가 하나 있습니다. 1940년대에 태어난 사람들의 인 생을 70년 동안 추적 연구해서 70년 동안의 학업적 성취, 경험적 성취, 소셜 라이프, 건강, 장수 등에 대한 연구를 진행했습니다. 처음 연구를 시작한 사람은 이미 사망하고 조지 베일런트 교수가 4번째 연구자입니다. 741명을 대상으로 70년 동안 진행한 연구의 결론은 뭘까요?

한 명의 소울 메이트가 있으면
그 사람 인생 전체가 행복해지고
어떤 어려움도 이겨낼 수 있다는 겁니다.
특히 40~50대에 소울 메이트가 있는 사람이
더 오래 산다고 합니다.
40~50대에 외로움을 느끼면
아프고 빨리 사망한다고 합니다.

10대 때는 공부를 잘하는 것이 자랑이고, 20대에는 좋은 대학을 나와서 좋은 직장에 다니는 것이 자랑입니다. 하지만 마흔이 넘어가면 내 몸이 건강한가, 소울 메이트가 있는가가 중요해집니다.

소셜 플로우

소울 메이트가 확대되면 소셜 플로우가 됩니다. 몰입이 강화되는 걸 소셜 플로우라고 합니다. 미하이 칙센트미하이는 '목표를 공유하는 친구와 구체적인 목표를 선정하고, 이것을 단계적으로 성취해가는 것'이 소셜 플로우라고 했습니다. 그냥 친구가 아니라 목표를 공유하고 구체적인 계획을 세우고 이것을 단계적으로 성취해 나가는 것, 그리고 이걸 해내는 팀을 소셜 플로우 팀이라고 합니다.

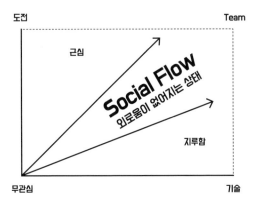

그래서 스킬과 도전이 합쳐지는 곳에서 스킬이 공유되어야 합니다. 같은 수준의 기술이 있고 도전에 대한 같은 관점이 생기면, 조직 내에서 외로움이 없어지고 성과가 높아지는 소셜 플로우 상태가 되는 겁니다.

소셜 플로우의 바깥쪽은 지루하거나 짜증나는 불안한 영역입니다. 도전을 공유하지 못하고 스킬만 있으면 지루하게 됩니다. 스킬이 없고 도전만 공유하고 있다면 근심이 가득한 상태가 되는 겁니다.

결국
모든 팀이 나아갈 방향은
같은 수준의 스킬을 공유하고,
도전 목표를 공유하는 것입니다.

경쟁자를 친구로 만드는
간단한 방법

2017년 8월 31일, 동종업계 경쟁자였던 마이크로소프트의 코타나Cortana
와 아마존의 알렉사Alexa가 친구가 되기로 했습니다. 코타나는 마이크로
소프트가 개발해온 인공지능 비서 시스템이고, 알렉사는 아마존이 개발
해온 인공지능 비서 시스템입니다.

마이크로소프트와 아마존은 세계 IT 영역의 차세대 리더의 위치를 선
점하기 위해, 각각 코타나와 알렉사라는 인공지능 비서 프로그램을 준비
해왔습니다. 그런데 2017년 12월 완전 호환을 목표로 두 시스템이 협력한
다고 발표한 것입니다. 양사 간 협력이 제대로 이루어지면, 윈도우 서비스
와 아마존 서비스가 상호 호환되는 환경이 만들어질 것입니다. 협력이 잘
이루어진다면 아주 놀라운 일이 벌어지겠지만, 제대로 이루어지지 않는
다면 결과는 달라지겠지요. 전통적으로 이 둘은 상대방을 경쟁자로 생각
해왔는데, 어떻게 하면 이 둘이 반목하지 않고 상호 협동하게 할 수 있을

까요?

영국 랭카스터 대학교의 마크 러바인 연구팀은 어떻게 하면 서로 으르렁대는 라이벌을 하나의 팀으로 묶을 수 있을지 연구했습니다. 서로 라이벌인 관계를 하나의 팀으로 묶을 수 있다면, 보통의 관계에 있는 사람들을 하나로 묶는 것은 상대적으로 쉬울 것입니다. 이들의 흥미로운 연구를 살펴보고 그 시사점을 찾아보겠습니다.

연구팀은 가장 갈등이 심한 라이벌 관계로 스포츠팀을 꼽았습니다. 예를 들어 미국 메이저리그의 뉴욕 양키스와 보스턴 레드삭스, 미국 프로농구의 보스턴 셀틱스와 LA 레이커스, 스페인 축구 리그의 FC 바르셀로나와 레알 마드리드, 영국 축구 리그의 맨체스터 유나이티드와 리버풀 등입니다. 이들 팀의 팬들은 수십 년 이상 서로를 배척해온 오랜 앙숙관계여서, 도무지 화해라고는 일어나지 않을 것처럼 보였다고 합니다.

마크 러바인 연구팀은 그럼에도 불구하고, 이들을 하나로 묶을 수 있는 방법이 있을 것이라고 가정했습니다. 먼저 러바인은 맨체스터 유나이티드의 열성팬들을 모아 이들에게 그 팀을 좋아하는 이유를 기술하라고 요청하였습니다. 그러고는 다음 장소로 이동하여 다음번 실험을 하자고 유도하였습니다. 이동하는 도중에 이들은 조깅하던 사람들이 넘어지는 것을 보게 되었습니다. 이 넘어지는 사람들은 연구 조교였는데, 각각 3가지 서로 다른 티셔츠를 입고 있었습니다. 한 조교는 맨유 티셔츠를 입고 있었고, 다른 조교는 그냥 흰색 티셔츠를, 그리고 마지막 조교는 맨유의 경쟁 팀인 리버풀의 티셔츠를 입고 있었습니다. 그러고는 3명의 관찰 연구자가 맨유 팬들의 행동을 관찰하여, 행동 특성에 어떤 변화가 있는지 살펴보았습니다.

결과는 어떻게 나타났을까요?

〈맨유를 좋아하는 이유 질문 후 도움 행동 결과〉

	맨유 티셔츠	흰 티셔츠	리버풀 티셔츠
안 도와줌	8%	67%	70%
도와줌	92%	33%	30%

맨체스터 유나이트 티셔츠를 입고 있는 사람이 넘어지면 92%가 도와주지만, 리버풀 티셔츠를 입고 있으면 70%가 도와주지 않는 것으로 나타났습니다. 단지 경쟁자의 티셔츠를 입고 있는 것만으로도 이런 효과가 나온 것입니다. 서로 적대적인 관계라면 이처럼 도움 행동에도 큰 차이가 벌어집니다.

그렇다면 어떻게 이들 라이벌 팬들을 하나로 묶을 수 있을까요? 어

떻게 하면 맨유 팬들이 리버풀 티셔츠를 입고 있는 사람들을 도와주게 할
수 있을까요?

　연구진은 두 번째 실험을 준비했습니다. 두 번째 실험에 참가한 대상
자들에게는 맨유를 응원하는 이유가 아니라, 축구팬이 되어서 좋은 것이
무엇인지 질문하였습니다. 보다 상위의 개념, 조금 특별한 개념을 생각하
게 한 것이죠. 그리고 나서는 동일한 상황을 제공하고, 그 결과를 관측했
습니다. 이번에는 어떤 결과가 나왔을까요?

〈축구팬이 되어 좋은 이유 질문 후 도움 행동 결과〉

	맨유 티셔츠	흰 티셔츠	리버풀 티셔츠
안 도와줌	20%	78%	30%
도와줌	80%	22%	70%

　놀랍게도 아까와는 전혀 다른 결과가 나왔습니다. 축구팬이 되어 좋
은 이유를 사전에 기술하게 하였더니, 맨유 티셔츠를 입었든 리버풀 티셔
츠를 입었든 도와주는 행동 비율이 높게 나타난 것입니다.

　왜 이런 일이 벌어진 것일까요? 그것은 유사성 지각Similarity Percep-
tion 때문입니다. 사람은 자신과 다른 사람 간의 유사성이 지각되면 그 즉

시 가까운 사이라고 느낍니다. 공통점이 있기 때문에 가까운 사이라고 지각하는 것이죠. 서로 라이벌 관계인 맨유 팬과 리버풀 팬이지만, 축구라는 관점에서는 유사성이 높아지는 것입니다.

다시 처음으로 돌아가겠습니다. 마이크로소프트의 코타나와 아마존의 알렉사가 연말까지 완벽 호환을 목표로 친구가 되기로 하였습니다. 이 두 집단을 통제해야 하는 리더라면 무엇을 해야 할까요? 이 두 집단이 갖고 있는 이질성이 아니라 동질성을 강조할 필요가 있습니다. 사소하지만 의미 있는 동질성을 발견한다면, 라이벌은 순식간에 동료로 바뀔 수 있습니다.

이것은 비단 이 두 회사에 한정되는 것이 아닙니다. 전통적으로 산업계에서는 경쟁자가 친구가 되기도 하고, 친구가 경쟁자가 되기도 합니다. 회사 내에서도 비슷한 일이 자주 벌어집니다. 경쟁 팀과 합쳐지기도 하고, 한 팀이 나누어지기도 하니까요. 이뿐 아니라 다양한 곳에서 인수합병이 일어납니다. 인수합병 이후 가장 큰 문제가 문화적 이질성입니다. 상호 이질적인 문화로 통합에 어려움을 겪는 경우가 매우 많습니다. 무엇을 고려해야 할까요? 두 집단의 특별하면서도 상위의 공통점을 발견하고, 이를 문화로 만들어야 합니다. 그렇게 하면 경쟁자도 친구가 될 수 있을 것입니다.

TOPIC 6.
리더십과 커뮤니케이션

소통은
일방통행이 아니라
양방통행
입니다!

1.
어떻게 소통할 것인가?

2012년 「하버드 비즈니스 리뷰」에 조직 내에서 소통이 어떻게 이루어지는가에 대한 탐색적 연구에 대한 논문이 실렸습니다. 연구팀은 뉴욕, 시카고 등의 직원 100여 명 정도 되는 회사 몇 군데를 선정해서 개인별로 마이크를 달고 일주일간 누가 무슨 말을 얼마나 많이 하는지를 추적했습니다.

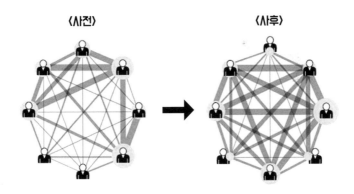

〈사전〉 〈사후〉

월요일부터 금요일까지 관찰을 진행했는데, 월요일 오전 데이터는 버렸습니다. 마이크를 달고 있으니 사람들이 신경을 쓰여서 아무래도 말을 조심하게 되겠죠. 그래서 월요일 오전 데이터는 버리고 월요일 오후 데이터부터 추적을 했습니다. 처음에는 마이크에 신경을 쓰다가 조금 시간이 지나면 익숙해진 상태로 돌아가게 됩니다.

7~8명이 한 팀이라고 가정했을 때, 앞의 그림에서 선의 굵기는 말의 점유율이고, 선의 방향은 말이 오고 간 경로를 보여주는 겁니다. 그림을 보면 유독 한 사람이 말을 아주 많이 하고 있습니다. 어느 조직을 봐도 한 사람의 말 점유율이 두드러지게 높고, 두 명 정도가 일부 말을 합니다. 나머지는 아무 말도 안 하고 있는 겁니다. 이게 조직에서 일관되게 벌어지고 있는 일입니다.

그래서 일주일 뒤에 팀장들을 모아놓고 당신이 이렇게 지배적으로 언어를 점유하고 있다는 사실을 보여주면 어떤 반응을 보일까요? "제가요?"라고 합니다. "나는 사람들을 항상 배려하고 잘해주려고 했는데, 이게 나란 말인가요?"라는 반응이 나옵니다.

그럼 일방적인 소통의 문제를 어떻게 해결할 수 있을까요?

단지 누군가에게 "당신이 혼자서 조직의 소통을 지배하고 있다"는 사실만 알려줘도 바뀝니다. 자신이 말을 독점하고 있다는 것을 모르고 있기 때문에, 모르는 것을 알려만 줘도 바뀐다는 겁니다.

*

조직 소통의 에러

위의 예시는 조직 소통에 에러가 벌어지고 있는 상황인데, 조직 소통의 에러는 두 가지입니다. 하나는 리더가 가지고 있는 소통상의 에러가 있고, 또 하나는 리더를 제외한 나머지 조직원들의 에러입니다. 그리고 둘을 더하면 전체 조직의 에러가 됩니다.

그런데 리더의 에러와 조직원의 에러 중 어느 것이 영향이 더 클까요? 「하버드 비즈니스 리뷰」의 연구 결과를 보면 언어를 점유하고 있는 사람의 에러가 더 큰 건 당연한 결과입니다. 이게 조직에서 소통 능력이 개선되어야 할 필요입니다.

조직에서의 소통 문제가 개선되어야 할 이유는 기여도에서도 찾을 수 있습니다. 다음은 시간의 경과에 따라 조직 성과에 대한 기여도가 어떻게 변하는지를 조사한 「하버드 비즈니스 리뷰」의 그래프입니다.

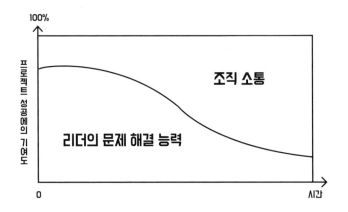

시작할 때는 리더의 영향력이 크지만,
시간이 경과하면서 리더의 영향력은 줄고

조직원들의 소통이
조직 성과에 더 많은 영향을
미치고 있습니다.

너
너는 말이야
너는 이래
너는 누구보다
.
.
.

**상대를 판단,
분별하지 마세요!**

2.
분리감을 일으키는
리더의 언어

그렇다면 리더의 커뮤니케이션은 어떻게 가는 것이 좋을까요? 먼저 분리감이 벌어지는 상황부터 보겠습니다.

*

독수리 대 방울뱀

미국의 심리학자 무자퍼 셰리프Muzafer Sherif가 진행한 '로버스 동굴 실험Robbers Cave Study'을 살펴보겠습니다. 1954년에 진행한 오래된 연구이지만 집단역학에서는 아주 중요한 연구입니다. 셰리프는 오클라호마시티의 초등학교 5학년 같은 반 학생들을 데리고 캠핑을 갔습니다. 그리고 두 팀으로 나누어서 게임을 진행했습니다.

한 팀은 독수리, 한 팀은 방울뱀으로 이름을 지었는데, 팀을 나누고 이름을 짓는 순간부터 독수리 팀 아이들은 방울뱀 팀 아이들을 '그들'이라고 부르기 시작했습니다. 조금 전까지는 같은 반 친구였는데, 팀을 분리시키는 순간 '그들'이 된 겁니다.

*

편파적인 상황이 벌어지면

팀을 나누고 두 팀이 서로 다른 구역에 숙소를 만들고 야구 게임을 진행했습니다. 이때 게임을 진행하면서 일부러 갈등을 만들어봤습니다. 심판이 일부러 편파적으로 방울뱀 팀에 유리한 판정을 해서 독수리 팀이 억울한 상황을 만든 겁니다. 그렇지 않아도 '그들'이라고 표현하고 있었는데, 편파적인 상황까지 발생하고 나면 어떤 일이 벌어질까요?

편파 판정으로 불이익을 받은 독수리 팀이 새벽에 방울뱀 팀의 숙소를 습격하는 일이 벌어졌습니다. 불시에 야습을 당한 팀은 또 복수에 들어갑니다. 실험은 5박 6일 일정으로 계획되어 있었는데, 1박 2일 만에 중지됐습니다.

그런데 이런 관계가 캠핑에서 돌아온 후에도 지속되었습니다. 생각지도 못한 일이 벌어진 겁니다. 캠핑을 가기 전까지는 친구였는데 팀을 나누고 게임을 한 것만으로 원수가 됐고, 캠핑이 끝나고도 상황이 좋아지지 않았던 거죠.

이걸 보면 사람의 관계가 틀어지는 건
정말 순식간이라는 점을 알 수 있습니다.
지금의 원수가 불과 이틀 전에는 같은 반 친구였습니다.
이처럼 분리감은 순식간에 생깁니다.

*

분리감을 만드는 언어

그러면 남은 문제는 어떻게 하면 분리감이 생긴 상황을 극복할 수 있을까 하는 것입니다. 어떻게 이 문제를 해결할 수 있을까요? 조직을 분리하는 즉시 분리감이 생깁니다. 분리감을 이야기하는 언어를 쓰는 순간 바로 분리감이 생기는 겁니다.

"너"라는 표현을 쓰는 순간
분리감이 생깁니다.
"너는 이래"라고 판단하는 순간
분리감이 생겨버립니다.
"너는 누구에 비해 말이야"라고 비교하는 순간
분리감이 생겨버리는 겁니다.

그래서 **리더**들이 **조심**해야 할 **단어** 중
첫 번째가 '너'입니다.

'너'라는 표현 대신에 '내가 보기에는, 내 생각에는' 등의 표현을 쓰는 것이 좋습니다. 이런 표현을 쓰면 연결감이 생성됩니다.

*

분리감의 해결

어쨌든 캠핑 실험으로 갈라진 아이들의 문제를 해결해야 합니다. 이때 쓸 수 있는 방법이 네 가지입니다. 첫 번째 방법은 상호

이해 가설입니다. 원인을 잘 설명해주고 공감을 형성하는 방법입니다. "이건 그냥 게임이었어. 게임하다 보면 있을 수 있는 일이니 너무 고민하지 마라"라고 설명해주는 겁니다. 가장 쉽게 생각할 수 있는 방법입니다.

그런데 우리가 남편, 아내, 여자친구, 남자친구와 싸웠을 때 말로 설명한다고 해결이 됩니까? 오히려 핑계로 들리고 상호 이해를 위해 설명하다 다시 화가 나는 상황이 됩니다. 더 안 좋은 기억이 생기게 되는 겁니다.

분쟁 해결을 위한 두 번째 방법은 접촉 가설입니다. 다른 형태의 접촉을 많이 늘리면 해결이 된다는 거죠. 세 번째 방법으로는 상위 목표를 공유하는 것입니다. 외부에 적을 만드는 방법입니다. "방울뱀, 독수리로 나뉘어 싸울 게 아니라 저 학교 애들이랑 경쟁해야 해"라고 외부에 공동의 적을 만드는 겁니다.

그리고 네 번째 방법이 재범주화입니다. 문제 해결을 위해 네 가지를 모두 진행해봤을 때 가장 효과적인 방법이 재범주화였습니다. 독수리 팀과 방울뱀 팀을 섞어서 새로운 팀을 만드는 겁니다. 그리고 또 나눠서 섞는 방법을 계속 진행했습니다. 이런 작업을 반복하고 나면 나중에는 서로가 독수리 팀이었는지 방울

뱀 팀이었는지 헷갈리게 되는 겁니다. 독수리 팀과 방울뱀 팀의
분쟁을 해결하는 과정에서 우리가 생각할 것들이 있습니다.

말을 통해서
상대의 행동에 영향을 미치는 것은 어렵습니다.
그 사람이 한 행동이 다음번 사고와 행동에
영향을 줄 확률이 월등히 높습니다.

말은 생각보다
안 좋은 일을 많이 만듭니다.

상대의 신발을 신고 걸어보세요!

상대의 관점에서
바라보면 연결됩니다.

3.
연결감을 만드는 리더의 언어

한 남자가 천국과 지옥의 갈림길에 섰습니다. 천사가 어디로 가고 싶은지 묻자 남자는 구경을 한번 해보고 싶다고 했습니다. 남자는 지옥부터 보기로 했습니다. 방이 하나 있어서 들어갔더니 산해진미가 가득한데 그곳이 지옥이라고 하더랍니다. 왜 지옥일까요? 음식을 먹을 수 있는 1미터짜리 포크가 있는데, 너무 길어서 아무리 애를 써도 자기 입에 들어가지 않는 겁니다.

남자는 이번에는 천국을 보러 갔습니다. 역시 산해진미가 있고 1미터짜리 포크가 있었습니다. 그런데 이번에는 긴 포크로 서로에게 먹여주니까 행복하게 잘 먹고 잘 살고 있었습니다. 동화 같은 이야기지만, 이 속에 연결감과 분리감의 결정적 차이가 있습니다.

타인에 대한 이해

미국 속담에 '타인의 신발을 신고 이리저리 걸어보기Putting one-self in another's shoe'라는 말이 있습니다. 타인의 신발을 신고 이리저리 걸어보기 전에는 그 사람의 상태를 알 수가 없다는 말이죠. 신발을 통해 타인의 삶을 이해하고 그것과 연결될 수 있습니다. 연결감이 있는 상태에서 소통을 하면 말이 조금 어눌하거나 부족해도 상관없습니다. 연결감이 없으면 말을 아무리 잘해도 이해하지 못하게 됩니다.

제가 둘째 아이와 단둘이 지낸 적이 있습니다. 그런데 매일 싸우고 지냈습니다. 둘째가 라면을 좋아해서 계속 라면을 먹겠다고 우겼거든요. 그런데 아무리 저와 싸워도 제가 산책을 나갈 때는 꼭 제 옆에 붙어서 같이 산책을 합니다. 그러니까 겉으로는 싸웠지만 마음으로는 연결되어 있는 거죠. 말하는 것과 마음이 움직이는 건 다른 문제입니다.

뇌신경 중에서 바깥쪽에 있는 것은 판단을 하는 신경이고, 가운데 있는 것이 감정을 조정하는 신경입니다. 그런데 이 두 신경이 같이 움직일 때가 있고 따로 움직일 때가 있습니다. 같이 움직이면 전혀 문제될 것이 없습니다. 호감도 있고 실제로도 괜찮은 사람이거나 혹은 '저 사람은 말도 별로고 감정도 별로야'가 되면 일관적인 겁니다.

그런데 말은 똑바로 하는데 괜히 기분 나쁜 사람이 있고, 말은 어눌하고 엉성한데 괜히 정이 가는 사람이 있습니다. 이런 차이가 분리감에서 오는 겁니다. 분리감이 생기지 않게 하려면 다른 사람의 상황을 이해하는 것이 필요합니다.

*

판단하지 마세요

연결감을 갖기 위해서는 판단, 분별 없이
상대의 관점으로
경험하고 바라보는 것이 중요합니다.

그런데 쉽지 않은 일입니다.
특히 리더들에게는 더욱 어렵습니다.
목표가 있기 때문에 그렇습니다.

하지만 리더들도 을의 관계가 되면 똑같아집니다. 그래서 리더들은 미리미리 생각해야 합니다. 과제를 미리미리 줘야 합니다. 그러다 일이 잘 안 되더라도 큰일이 나지는 않습니다. 이처럼 여유를 가져야 합니다.

*

연산군의 신언패 '구시화문'

연산군은 '신언패'라는 것을 신하들에게 차고 다니게 했습니다. 신언패에는 '구시화문口是禍門'이라고 적혀 있습니다. 말은 화를 부르는 문이라는 뜻이죠. 저는 말이 항상 문제를 일으킨다고 생각합니다. 그래서 자기 관점으로 얘기하기보다는 상대방의 관점으로 생각하는 것이 훨씬 더 중요하다고 봅니다.

연결감을 갖기 위해서 대화할 때는 항상 다음을 조심해야 합니다.

부정적으로 평가하기
부정적으로 비교하기

개인 신상 공격
말 자르고 들어가기

평가당하는 것을 좋아하는 사람은 아마 없을 것입니다. 어떤 형태든지 평가는 분리감을 형성합니다. 조금 과장되게 이야기하면 칭찬을 해도 그 칭찬에 평가가 들어가면 기분이 언짢아지는 경우가 많습니다. 그래서 상대방에 대한 평가적 언어를 조심해야 합니다.

비교는 엄청난 일을 야기합니다. 결혼한 남자들에게 가장 스트레스가 되는 말이 '내 친구 남편'입니다. "내 친구 남편은…"이라고 말하면 분리감을 넘어서 바로 공격 모드로 들어가게 됩니다. 판단, 평가, 비교는 긍정적으로 해도 문제가 있을 확률이 크고, 부정적인 모드에서는 화를 키우는 말이 됩니다.

언어보다 효과적인 비언어,

지금

접촉하세요!

4.
두 가지 형태의 커뮤니케이션

우리의 전체 소통 가운데 언어를 통한 소통은 35%이고, 언어를 제외한 나머지 소통이 65%를 차지한다고 합니다. 제 생각에 실제로는 비언어적 소통이 65% 이상인 것 같습니다. 언어로 전달하는 메시지는 한계가 있습니다. 그래서 지금부터는 비언어적 메시지의 효과에 대한 연구를 살펴보도록 하겠습니다. 비언어적 소통의 종류는 무척 많은데, 그중에서 재미있는 한두 가지 연구를 살펴보겠습니다.

*

사소한 접촉이 승리를 부른다

UC 버클리 대학교의 마이클 크라우스Michael Kraus 연구팀은 사소한 신체 접촉이 농구 경기 승률에 미치는 영향을 조사했습니다. 실제 2008~2009 시즌 NBA 리그의 신체 접촉을 분석했습니다. 경기 중에 팀원들끼리 더 많이 접촉하는 팀이 있을 것이고, 상대적으로 접촉이 적은 팀이 있을 텐데, 접촉 횟수와 승률이 연관이 있는지를 비교한 연구입니다. 횟수를 센 접촉은 하이파이브, 포옹, 가슴 치기, 주먹 마주치기 등 12가지입니다.

시즌 초반부터 터치가 많은 팀은 시즌 성과가 높아진다는 결과가 나왔습니다. 터치가 많으면 성과가 높아진다는 가설이 사실이라는 겁니다.

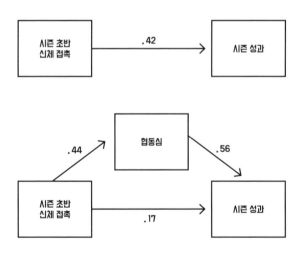

두 번째 그림은 안코바ancova라는 다변량 통계기법으로 계산한 값인데, 협동하는 경우와 협동하지 않는 경우의 변수를 따로 만드는 겁니다. 그래서 협동을 하는 것을 넣기도 하고 빼기도 해서 그 차이를 구했습니다. 그 결과 시즌 초기부터 터치를 많이 한 경우에는 협동심이 증가해서 실제 승률이 높아졌습니다. 협동심을 제외하면 터치가 승률에 미치는 직접적인 효과는 현저하게 낮아집니다.

결론은 사소한 터치입니다.
잘해보자는 의미를 담고 있는
터치를 반복하면
나와 상대방이 터치를 공유하게 되고,
유사성이 높아집니다.
유사성이 높아지면
같은 팀이라고 생각을 하고 협동심이 생깁니다.
협동심이 생기면
성과에 영향을 주게 됩니다.

여성의 신체 접촉이 호감을 유도한다

프랑스 남브르타뉴 대학교의 니콜라 게겐Nicolas Guéguen 연구팀
은 2006년 프랑스 서쪽 해변의 관광지에서 아주 재미있는 연구
를 진행했습니다. 64명의 싱글 남성을 대상으로 여성 연구 보조
자가 아주 사소한 터치를 했을 때 어떤 반응을 보이는지를 관찰
한 것입니다.

여성 연구 보조자는 사전 조사를 통해 보통 수준의 외모를
가진 여성들로 선발했습니다. 그리고 해변에서 싱글 남성들에게
"컵 좀 잠깐 들어주시겠어요?" "공 좀 이리 던져주세요"와 같은
사소한 부탁을 합니다. 이 정도 부탁은 웬만하면 들어주지 않겠
습니까?

그래서 남성들이 부탁을 들어주면 고맙다고 인사하면서 여
성 연구 보조자가 남성의 팔뚝을 손끝으로 살짝 건드리기만 합
니다. 그러고 나서 남성이 여성에게 말을 거는 빈도나 바라보는
빈도, 바라보는 시간의 변화를 측정했습니다.

아주 간단한 터치를 했는데도 남성이 여성에게 말을 거는

빈도가 2배 이상 증가합니다. 간단한 터치가 이루어지면 남성은
그것을 엄청난 호감의 신호로 받아들이는 겁니다.

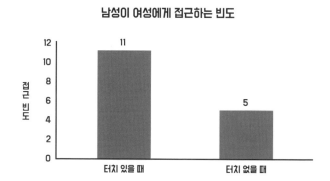

남성이 여성에게 접근하는 빈도

팔뚝을 살짝 건드리기만 해도 여성을 더 오래 쳐다봅니다.
터치가 있으면 10분 동안 3번을 더 쳐다보고, 한번 쳐다볼 때 응
시하는 시간도 2배가 더 길어집니다.

	터치가 있는 그룹	터치가 없는 그룹
응시 횟수	13.41	10.87
평균 응시 시간	6.28	3.96

현재 가톨릭교회의 수장인 프란체스코 교황이 역대 교황들 중에 가장 인기가 높은데, 그 이유가 뭘까요? 바로 터치입니다. 터치가 가진 의미가 그만큼 중요합니다. 교황이 소외된 사람들의 얼굴을 한 번 만져주는 것만으로 그 사람들에겐 엄청난 희망과 용기가 생겨납니다.

그런데 재미있는 것은
여성이 터치했을 때만 효과가 있다는 겁니다.
남성이 터치를 하면 어떻게 될까요?
여성의 터치는 유대감입니다.
하지만 **남성의 터치는 자칫
범죄로 인식될 수**도 있습니다.
그래서 **터치는 관련이 있는 영역에서는
효과가 있고,**
다른 영역으로 가면 문제가 생깁니다.

*

해리 할로의 터치 실험

터치에 대한 해리 할로의 고전적인 연구입니다. 아기 원숭이에게 양부모를 스스로 택하게 했습니다. 하나는 먹이를 주는 철사로 된 원숭이, 다른 하나는 먹이를 주지 않는 천으로 된 원숭이였습니다. 천 원숭이는 먹이를 주지는 않지만 편안함과 사랑을 줍니다. 결과는 어땠을까요? 아기 원숭이는 우선 우유를 먹기 위해 철사 원숭이에게 달려갑니다. 하지만 우유를 다 먹고 나면 바로 천 원숭이에게 달려갑니다. 그러고는 18시간 동안 천 원숭이에게만 붙어 있습니다. 아기 원숭이는 음식보다 부드러운 접촉과 보살핌을 택한 겁니다.

그렇다면 위협을 받는 상황에서 아기 원숭이는 어디로 갈까요? 천 원숭이에게 달려갑니다. 이건 사람도 마찬가지죠. 무섭고 위협을 받는 상황에서는 자신을 안아주고 보듬어줄 사람을 찾죠. 대부분은 엄마를 찾습니다.

결국
먹는 것이 중요한가, 따뜻한 것이 중요한가?

먹고사는 건 아주 기본적인 문제이지만
그 문제만 해결되면
바로 따뜻한 데로 향하게 됩니다.

여성들이 남자들보다 오래 사는 이유가 여러 가지가 있는데, 그중 하나가 접촉 가설입니다. 여성들은 서로 손 잡고 많이 다니죠? 포옹도 많이 하죠? 그리고 아기가 태어나면 밤낮 아기를 안고 있죠? 반면 남성들은 신체 접촉을 잘 하지 않습니다. 그래서 남성들의 수명이 짧다는 이야기도 있습니다.

*

마케팅에서의 접촉

매장에서 처음 보는 사람과 접촉이 이루어지면 어떤 일이 벌어질까요? 이번에는 접촉의 효과를 마케팅 측면에서 확인하는데, 여기에도 남성과 여성의 차이가 보입니다.

호주 퀸즐랜드 공과대학교의 브랫 마틴 연구팀은 영국 남부에 위치한 쇼핑몰에서 144명의 고객을 대상으로 실험을 진행했

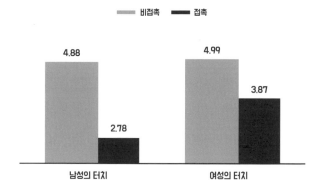

모르는 사람과의 접촉: 신상품 선호도

■ 비접촉　■ 접촉

4.88　　　　　　　　　　　4.99

3.87

2.78

남성의 터치　　　　　　　여성의 터치

습니다. 남성 연구 보조자와 여성 연구 보조자가 고객들이 쇼핑을 할 때 살짝 스치고 지나간 겁니다. 그러고 나서 터치가 있었을 때와 없었을 때, 연구 보조자가 남성일 때와 여성일 때, 고객이 남성일 때와 여성일 때로 나누어서 측정을 했습니다. 고객의 기분 변화를 측정하는 것이 아니라, 터치가 있었을 당시 보고 있던 상품에 대한 선호도를 측정했습니다.

모르는 사람과 접촉을 하게 되면 전체적으로 상품에 대한 선호도는 떨어집니다. 그런데 여기서 남녀 간의 차이가 발생합니다. 모르는 남성이 와서 터치를 할 경우 선호도는 4.88에서 2.78로 떨어집니다. 그런데 모르는 여성이 와서 접촉을 하면 4.99에서 3.87로 남성일 때보다 선호도가 훨씬 적게 떨어집니다.

결국

사소한 접촉이 관련된 그룹 내에서 벌어지면
선호도를 높이는 효과가 있고,
모르는 사람한테 벌어지더라도

남성보다는 여성의 터치가
상대적으로 유리합니다.

뇌섹남은 되는데,

뇌섹녀는 안 되나요?

5.
남자와 여자의 언어

뇌섹남과 뇌섹녀

'뇌섹남'이라는 단어를 많이 들어보셨을 겁니다. 뇌가 섹시한 남성, 주로 말을 잘하고 똑똑한 남성들을 가리키는 표현입니다. 그런데 상대적으로 '뇌섹녀'라는 단어는 잘 쓰지 않습니다. 뇌섹남은 있는데 뇌섹녀는 왜 없을까? 언어의 유창성을 측정해서 그 이유를 알아보겠습니다.

언어의 유창성이란 말을 전문가처럼 막힘없이 잘하는 것을 가리킵니다. 똑같은 말을 남성이 유창하게 할 때와 여성이 유창하게 할 때, 듣는 사람의 반응은 어떻게 달라질까요? 프랑크푸르트 대학의 랑게 연구팀은 남녀의 언어 유창성이 선호도에 미치는 영향을 살펴보았습니다.

이들은 138명의 독일 대학생을 대상으로 비디오 클립을 보여주고 언어 사용 능력에 따른 호감도 차이를 측정했습니다. 조건은 총 6가지였습니다. 남성이 개인적인 공간에서 말을 유창하게 할 때, 공적인 공간에서 유창하게 할 때, 개인적이기도 하고 공적이기도 한 공간에서 유창하게 말할 때 선호도를 측정했습니다. 또 여성도 마찬가지로 개인적인 공간, 공적인 공간, 개인적이기도 하고 공적이기도 한 공간에서 유창하게 말을 할 때의 선호도를 측정했습니다.

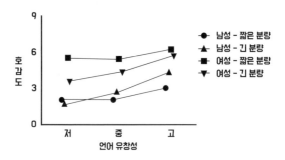

결과는 어떻게 나왔을까요? 남녀 모두 말을 잘하는 사람에 대한 호감도가 더 높았습니다. 그런데 남성에 대한 호감도가 더 극적으로 높아집니다. 여성이 유창하게 말을 해도 호감도가 높아지기는 하지만, 남성이 공적인 공간에서 유창하게 이야기할 때 호감도가 더 높아지는 것을 확인할 수 있습니다. **사람들이 본능적으로 대중이 모인 공적인 장소에서 남성이 유창하게 말하는 것에 더 높은 호감을 갖고 있다는 말입니다.**

*

말 잘하는 여자

그러면 여성이 공공장소에서 말을 유창하게 할 때는 어떤 반응이 나올까요? 윌리엄스 대학의 로리 헤더링튼 연구팀은 239명의 1학년 학생을 대상으로 실험을 했습니다. 다양한 사람이 말하는 비디오를 보여주고 다음 학기의 점수를 예측해보라고 요청했습니다.

실험 조건은 위의 실험과 마찬가지로 남성과 여성, 개인적인 공간, 공적인 공간, 개인적이기도 하고 공적이기도 한 공간에서 각각 예측한 점수를 측정했습니다.

남성은 전반적으로 사적이거나 공적인 공간 모두에서 유창한 말솜씨에 대한 호의도가 높았습니다. 반면 여성은 사적인 공간에서의 호의도는 높았으나, 공적 공간에서의 유창한 말솜씨는

호의도가 상대적으로 낮은 것(2.85)으로 나타났습니다. 여성이 개인적인 공간이나 일부 사람이 모인 곳에서 말을 유창하게 하는 것은 크게 문제가 되지 않지만, 대중적인 공간에서 여성이 유창하게 이야기하면 선호도가 떨어집니다.

	조건		
	사적 공간	중간 공간	공적 공간
여성	3.10	3.03	2.85
남성	3.14	3.14	3.11

이건 역사적으로 오래된 고정관념입니다. 남성들뿐 아니라 여성들도 공적인 공간에서 유창하게 말하는 여성에 대한 호감도가 떨어집니다. 이 실험이 비교적 최근에 독일의 대학생들을 대상으로 진행한 것임에도 이런 결과가 나왔습니다.

사적인 공간에서
여성이 말을 잘하는 것은 자연스럽게 받아들이지만,
아직까지 대중적인 공간에서
여성이 유창하게 하는 것은 익숙하지 않다는

의미가 될 수 있습니다.
우리가 뇌섹남에 비해
뇌섹녀라는 단어를 잘 쓰지 않는 이유도
여기에 있습니다.

*

남녀 언어의 차이

동일한 상황에서 남녀가 사용하는 단어에 차이가 있을까요? 이번에 살펴볼 논문은 「Men seek social standing, Women seek companionship」이라는 제목의 논문입니다. 논문 제목을 풀이해보면, 남자는 독립적인 단어를 떠올리고, 여자들은 관계를 생각하게 하는 단어를 떠올린다는 겁니다.

아마존 데이터베이스를 통해 남성 114명, 여성 171명을 대상으로 설문을 진행해서 남성과 여성이 이별을 하는 상황에서 사용하는 단어의 차이를 조사했습니다.

왼쪽 그래프는 독립적인 단어를 쓰는 사람들, 오른쪽 그래프는 관계적인 단어를 쓰는 사람들의 비율입니다. 독립적인 단어는 '나, 성공, 도전, 진출, 과정' 등입니다. 관계적인 단어는 '그 사람, 우리, 추억, 동료'와 같은 단어들입니다.

그래프를 보면 헤어지는 순간에 여성이 남성보다 관계적인 단어를 훨씬 많이 사용하고 있습니다. 반면 독립적인 단어는 남성이 여성보다 더 많이 사용하고 있습니다.

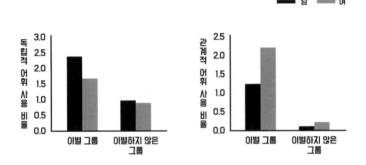

논문에서는 남녀 간의
전반적인 언어 특징을 이렇게 기술하고 있습니다.
"남성들은 자아의식이 훨씬 강하고,
여성들은 관계의식이 훨씬 강하다.

남성들은 자기 입장을 **분명하게** 밝히려고 하고,
경쟁적인 어휘를 더 많이 쓰려고 하고,
옳고 그름에 대한 관심이 더 많다.
반면 **여자**들은 **지지**하게 하고,
관계 지향적이며,
명시적인 말을 잘 하지 않는다."

남성들은 보다 더 공격적인 단어와 경쟁적인 단어를 쓰고, 옳고 그름에 대한 이야기를 자주 합니다. 반면 여성들은 'might have(~일지도 몰라), I think(내 생각에는)'와 같은 말을 많이 쓴다고 합니다. 그리고 부가의문문과 감탄사를 더 많이 사용한다고 합니다.

그래서 남성의 말하기는 대중을 상대로 할 때 매력 포인트가 됩니다. '뇌섹남'이라는 단어는 어떤 의미를 내포할까요? 정말 뇌가 섹시하다는 걸 판단하는 측정 도구는 언어입니다. 과거 남성들은 사냥이나 격투와 같은 승부를 즐겼습니다. 하지만 지금은 과거와 같은 승부가 없습니다. 대신 지금 승부로 대체할 수 있는 것이 말입니다. 로마 검투사는 칼로 승부를 냈지만 지금은 말로 승부를 내는 겁니다.

그래서
남성의 경쟁력은 '말하기'입니다.
남성들은 터치를 해도 안 되고,
반복적으로 바라봐도 문제가 생깁니다.
기본적으로 관계적인 것도
여성에 비해 약합니다.
그래서 남성은 말을 잘하는 것이 경쟁력이 됩니다.

그런데
남성은 옳고 그름의 문제를 따지고,
진실의 수호자가 되려고 하는 성향이 있습니다.
그리고 이 때문에 소통에 문제가 발생합니다.
옳고 그름의 문제로 들어가면
논쟁이 시작됩니다.

"나는 여자"라고 생각만 해도
유리 천장 프레임에 걸린다.

2015년 영국 텔레그래프지는 주요 20개국 대기업 여성 임원 비율을 조사해 그 결과를 발표했습니다. 이 자료에 따르면 여성 임원 비율이 가장 높은 나라들은 노르웨이, 핀란드, 프랑스, 스웨덴 순이었습니다.

전 세계적으로 여성 리더들의 약진이 돋보이고 있습니다. GM 최초의 여성 회장으로 2016년 메리 바라가 취임했고, 2012년에는 IBM의 버지니아 로메티가 회장으로 취임했습니다. 캠벨수프는 데니스 모리슨이 이끌어가고 있고, 페이스북의 최고 운영 책임자COO는 셰릴 샌드버그입니다. 버버리는 앤절라 아렌츠가, 듀폰은 엘렌 쿨먼이 CEO로 활약했습니다.

전 세계적으로 여성 리더 비율이 증가하는 이유는 무엇일까요? 21세기 정보화, 융합 사회에서는 여성의 특성이 리더십에 더 부합하기 때문이라는 것이 전문가들의 분석입니다.

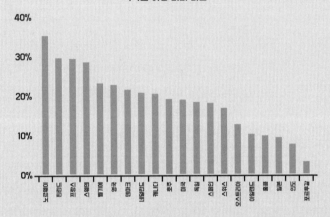

각국의 여성 리더 비율

이처럼 전 세계 곳곳에서 여성 리더가 증가하는데도, 한국을 포함한 여러 나라에는 아직도 '여성의 유리 천장'이 존재합니다. 유리 천장이란 눈에 보이지는 않지만, 깨뜨릴 수 없고 넘어서기 어려운 장벽을 말합니다. 특히 여성들이 기업 조직 내에서 일정 지위 이상 올라가지 못할 때 많이 쓰는 용어죠. 실제로 여성들에게 유리 천장이 있을까요? 만약 있다면 그것은 어떻게 작용하고 있고, 어떻게 하면 제거할 수 있을까요?

이 흥미로운 주제를 하버드 대학교의 제니퍼 스틸 교수가 다루었습니다. 스틸 교수에 따르면 여성의 유리 천장 효과는 단지 "문화적으로 학습된 허울"에 지나지 않는다고 합니다.

스틸 교수는 여성이라는 개념에 조금이라도 노출되면 여성에 대한 고정관념이 어떻게 변화하는지 알아보고자 했습니다. 전 세계적으로 여성에 대한 가장 오래된 고정관념 중 하나가 여성은 수학을 싫어하고Math is hard, 인문학을 좋아한다는 것입니다Arts is easy. 정말 그런가요? 그럴 수도, 아닐 수도 있습니다. 다만 연구진의 조사에 따르면, 이것이 세계 공통의 고정관념이라고 합니다. 핵심 연구 주제는 아래와 같습니다.

1. 매우 짧은 시간이라도 여성이라는 개념에 노출되면, 여성에 대한 고정관념이 강화될 것이다.
1. 매우 짧은 시간이라도 남성이라는 개념에 노출되면, 여성에 대한 고정관념이 없어질 것이다.

이것을 증명하기 위해 연구진은 실험에 참가한 여성(59명)들을 2그룹으로 구분한 후, 컴퓨터 모니터 앞에 앉아서 다소 난이도가 있는 다양한 문제를 풀게 하였습니다. 문제를 푸는 동안 한 그룹의 여성들에게는 여성에 관련한 단어 20여 개를 각각 8/100초 정도 되는 아주 짧은 시간 동안 보여주었고, 다른 한 그룹의 여성들에게는 남성에 관련한 단어를 역시 8/100초 정도 되는 매우 짧은 시간 동안 보여주었습니다. 8/100초는 일반적으로 사람이 의식하지 못하는 수준의 매우 짧은 시간 자극에 해당합니다. 무엇을 보았는지 거의 기억하지도 못하죠. 실제로 실험 대상 여성들은 수학 문제 푸는 것에 집중하느라, 8/100초씩 보인 여성, 남성 관련 단어를 보았는지 전혀 기억하지 못했습니다.

그러고 나서 이들에게 수학을 좋아하는지, 인문학을 좋아하는지 물어보았습니다. 결과는 어떻게 나왔을까요? 매우 흥미롭게도 여성 관련 단어에 무의식적으로 노출된 여성들이 인문학을 월등히 좋아하고, 수학을 덜 좋아하는 것으로 나타났습니다(6.50>4.43, p<.05).

여성에 대한 고정관념 변화 정도

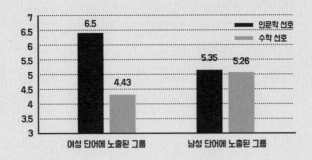

반면 남성 관련 단어에 매우 짧게 노출된 여성들은 수학에 대한 선호도와 인문학에 대한 선호도에 차이가 없는 것으로 나타났습니다 (5.35=5.26). 상당히 재미있는 결과가 아닐 수 없습니다. 이 결과는 어떤 의미를 담고 있나요? 여성들은 여성 관련 단어에 노출되기만 해도, 여성스러운 고정관념을 무의식적으로 따르려 한다는 것입니다.

이런 결과는 항상 일관되게 나오는 것일까요? 연구진은 조금 상황을 바꾸어 두 번째 실험을 진행하였습니다. 한 그룹의 여성들에게는 노트에 여성성과 관련된 단어를 적게 했습니다. 예를 들면 '립스틱 색깔은 무엇인가요?' '어떤 치마를 좋아하나요?' '화장품은 무엇을 쓰나요?' 같은 질문에 대한 답을 적으라고 한 것이었죠. 다른 한 그룹의 여성들에게는 중립적인 단어를 노트에 적도록 요청하였습니다. 예를 들면 '전화번호를 적어주십시오.' '주소는 어떻게 되나요?' '오늘 날씨는 어떤가요?'와 같은 질문들이 었습니다. 그러고 나서 수학과 인문학 중 무엇을 좋아하는지 질문했습니다. 결과는 어떻게 나왔을까요?

결과는 첫 번째 실험과 동일한 패턴으로 나왔습니다. 여성 관련 단어를 적은 피험자들의 인문학 선호도는 높아지고 수학 선호도는 떨어졌습니다. 반면 중립적인 단어를 적은 피험자들은 인문학 선호도와 수학 선호도에 차이가 없었습니다. 여성들이 남성적인 단어뿐 아니라 중립적인 단어에 노출되기만 해도 여성에 대한 고정관념에서 탈피할 수 있다는 것입니다. 반대로 여성 관련 단어를 생각하거나 노출되기만 해도, 여성스러움을 쫓아가려는 경향을 보입니다.

왜 이런 일이 벌어지는 것일까요? 연구자들의 설명에 따르면, 문화적으로 오랜 기간 동안 성역할을 학습해왔기 때문이라고 합니다. 그러니까 여성들의 유리 천장은 그 자체로 존재한다기보다는 오랜 문화 속에서

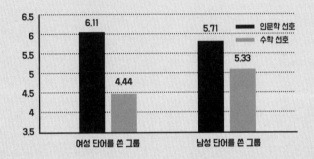

여성에 대한 고정관념 변화 정도

만들어진 후천적인 문화적 결과물에 해당합니다.

　결론을 정리해보겠습니다. 여성들은 여성 관련 단어에 노출되기만
해도 여성스러움을 쫓아가려 합니다. 반면 남성적이거나 중립적인 단어
에 노출되면 여성스러움에서 벗어나게 됩니다. 그것은 좋다, 나쁘다의 문
제가 아니라, 그저 오랫동안의 문화적 학습 효과인 것입니다. 여성이 갖고
있는 유리 천장에 매몰되지 않으려면, 스스로의 가능성을 열어놓고 원하
는 환경에 스스로를 노출시키는 것이 필요할 것입니다. 원하는 결과물과
과정을 생각하고 경험하고 도전하면, 보이지 않는 유리 천장은 아무것도
아니게 될 것입니다.

TOPIC 7.
리더십의 실패

지금 **성공** 중이신가요?

다음엔
실패 하실지도 모릅니다.

1.
성공은 실패의 어머니

1912년 영국을 출발해 미국으로 향하던 타이태닉호가 가라앉았습니다. 그런데 타이태닉호의 선장은 당시 유럽에서 가장 명망이 높고 항해 경력이 가장 성공적이라고 평가받던 에드워드 스미스Edward Smith였습니다. 그리고 타이태닉 운항은 에드워드 스미스 선장의 은퇴 항해였습니다. 마지막 항해를 하던 도중 배가 침몰했고 승객 2195명 중 1502명이 사망했습니다. 30년 동안 성공적인 항해를 했던 사람이었는데, 어떻게 은퇴하는 날 이토록 참담한 사고가 터졌을까요?

실패는 성공의 어머니라고 합니다. 그런데 반대로 성공의 경험이 그다음 실패의 원인이 될 수 있습니다. 그게 바로 타이태닉호의 침몰입니다. 반복적으로 성공을 경험한 사람은 자기만의 경험과 절차를 갖고 있습니다. 그런데 자신의 경험과 절차가 먹히지 않는 상황이 벌어지면, 앞서 쌓아왔던 학습 내용이 순식간에 의미가 없어집니다.

2005년 8월, 미국 역사상 최악의 허리케인이라 불리는 허리케인 카트리나가 뉴올리언스에 상륙했습니다. 그로 인해 3일간 1800여 명이 사망하고, 가옥 10만 채가 파손되었으며, 재산 피해액이 120조 원, 이재민 28만 명이 발생했습니다. 당시 미국 국토안보부 통제센터 국장은 매슈 브로더릭Matthew Broderick이라는 사람이었습니다.

최악의 허리케인이 상륙하기 이틀 전부터 직원들은 브로더릭에게 이번 허리케인이 상당히 위험하다며 제방이 무너질 것이라고 보고했습니다. 브로더릭은 베트남전에 참전한 해병대 대장 출신입니다. 생사의 갈림길을 무수히 넘나든 사람이기 때문에 위기에 대해서는 자신이 최고라는 생각을 갖고 있었습니다. 이 사람이 전쟁을 통해 얻은 신념은 초기 보고는 옳지 않다는 것이었습니다. 전쟁 초반에 작전 장교들이 보고한 내용들이 대부분 틀렸던 겁니다. 이런 경험이 있으니 초기에 허리케인 카트리나가 매우 위험하다는 보고를 듣고도 초기 보고라고 생각해서 대응을 하지 않았습니다.

44년간 다임러 벤츠에 근무하며 다임러 벤츠의 CEO 자리까지 올라간 위르겐 슈렘프Jurgen E. Schrempp는 주변의 만류를 무릅쓰고 크라이슬러를 인수했습니다. 직원들이 팔아야 한다고 그렇게 말해도 고집을 부리다가 역대 최악의 손실을 입습니다. 슈렘프는 결국 2005년에 퇴임을 하는데, 그날 다임러 벤츠의 주가가 11% 올랐습니다. 44년 동안 다임러맨으로 승승장구했던 사람의 결말로는 너무도 슬픈 일입니다.

이처럼 성공했다고 평가받던 리더들이 몰락하는 경우는 많습니다. 그리고 그 이유를 네 가지로 분석할 수 있습니다.

첫 번째, 과거 방식에 대한 집착
두 번째, 자신의 능력과 지식에 대한 과신
세 번째, 안전지대에 머무르는 것
네 번째, 패턴 인식과 감정의 꼬리표

지금부터 각각의 이유에 대한 논문을 통해서 실패하지 않는 리더십에 대한 이야기를 해보겠습니다.

과거는
과거로만
남겨두세요.

2.
실패하지 않는 리더십

성공의 역설

성공한 리더가 실패하는 첫 번째 이유는 과거 방식에 대한 집착입니다. 논문 제목이 「The paradox of success」, 성공의 역설입니다. 과거의 성공이 미래에 생각보다 더 큰 걸림돌이 된다는 겁니다.

연구를 위해서 미국 항공 산업, 트럭 산업, 핸드폰 산업의 10년간의 데이터를 수집했습니다. 그리고 산업을 둘러싼 여러 가지 변수들도 측정했습니다. 산업 전반의 환경 변화, 경제 데이터의 변화, 제도 변경 등 여러 가지 변수를 측정해서 데이터를 뽑은 후, 과거에 성공한 경우와 그렇지 않은 경우 어떤 일이 벌어지는가를 살펴봤습니다.

데이터를 분석한 결과, 과거에 성공 경험이 많은 기업일수록 기존의 전략을 고수하려는 경향을 보였습니다. 자기만의 방식으로 조직을 잘 이끌어왔던 리더들은 상황이 변하면 예전에 성공했던 방법을 찾게 되는 겁니다. 하지만 과거에 성공 경험이 없으면 고수할 것도 없으니 항상 새로운 방법을 탐색하게 됩니다.

더 재미있는 건 기업이 크면 클수록 기존 전략을 고수하려는 경향이 더 크다는 겁니다. 그러니까 큰 기업일수록, 과거 성공 경험이 많은 기업일수록 기존 전략을 고수하는 거죠. 하지만 요즘 시대는 환경이 매우 빠르게 바뀝니다.

비디오 대여 체인인 블록버스터Blockbuster가 파산했습니다. 그런데 놀라운 건 넷플릭스Netflix가 블록버스터에 사업을 제안했는데 블록버스터가 이를 거절했었다는 겁니다. 자금이 없었던 넷플릭스가 아이디어를 내고 같이 사업해보자고 블록버스터에 제안했지만, 변화를 보지 못한 블록버스터는 단칼에 거절했고, 결국 파산했습니다.

시장은 언제나 변화합니다.
시장 격변기에 과거의 성공에 집착하면
실패 확률이 증가합니다.

기업의 외형을 키우려는 노력을 과도하게 하지 마세요.
외형을 키우기 위해 투자한 인풋은
반드시 부메랑이 되어 돌아옵니다.
행복한 기업을 목표로 하세요.
**누군가에게 긍정적인 영향을 줄 때,
사람들은 행복해합니다.**

＊

많이 아는 것은 힘인가?

리더십 실패의 두 번째 원인은 능력에 대한 과신입니다. '나는 뛰어난 사람이야'라고 생각하는 것이 실패의 원인이 될 수도 있습니다.

보통은 더 많은 정보를 갖고 있으면 더 잘 맞힐 수 있을 거라고 생각합니다. 그래서 프린스턴 대학의 크리스털 홀 연구팀은 정보를 더 많이 알고 있을 경우 자신감과 실제 성과와의 관계를 조사했습니다.

미국 NBA 소속 29개 팀이 각기 치른 82회의 농구 게임 데이터를 가지고 전반 점수, 최종 점수, 팀 성적, 팀 이름, 기타 세부 정보 등을 제공했습니다. 그리고 실험 대상자들을 특정 팀에 대한 정보가 많은 사람, 농구에 대한 지식이 많은 사람, 전문가인 사람, 초보인 사람, 농구를 보지 않는 사람 등으로 나누고 예측에 대한 자신감과 실제 예측 결과를 측정했습니다.

*

많이 알수록 자신감만 증가

복잡한 연구를 4가지로 진행했는데, 결론만 간단히 정리하면 다음과 같습니다. 경험이 많고 농구에 대해 잘 알고 있으며 전문성도 높다고 생각하면, 승률을 맞힐 거라는 자신감은 높아지지만, 실제 예측력은 떨어진다는 것입니다.

예를 들어서 내가 LA 레이커스 팀에 대해 자세한 정보를 알고 있고 경험도 많다면 내 예측이 잘 맞을 거라는 자신감을 보이지만, 실제 예측 성공률은 차이가 없거나, 경우에 따라서는 더 떨어진다는 겁니다.

위의 결과를 그래프로 정리하면 예측 확신도, 즉 자신감은

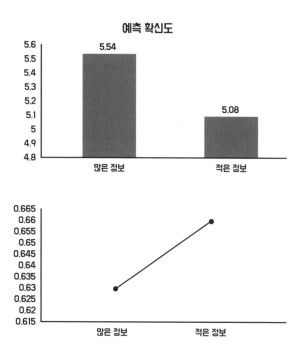

정보가 많은 사람들이 더 높습니다. 하지만 실제 정확도는 거꾸로 갑니다. 상황을 자세하게 바라보지 않고 대충 가늠해서 생각하면 자신감은 높을지 모르지만, 실제 정확도는 떨어집니다. 리더가 자신의 정보와 능력만 믿고 꼼꼼하게 살펴보지 않는다면 오히려 실수가 많이 발생할 수 있다는 겁니다.

지금까지는 이미 진행된 농구 경기 결과를 보고 예측을 했던 실험이었고, 이번에는 실제 게임에 돈을 걸어 베팅을 하도록 했습니다. 결과는 예측만 했을 때와 똑같았습니다. 데이터가 많은 사람들이 높은 자신감을 보이지만, 실제 획득하는 돈의 액수는 적었습니다.

농구에 대한 지식이 없는 사람들은 그 순간에 데이터를 더 꼼꼼하게 확인합니다. 반면 농구에 대한 지식이 많다고 생각하면 데이터를 제대로 보지 않습니다. 다 알고 있다고 생각해서 한두 가지 정보만 보고 쉽게 예측을 하는 겁니다.

의사들이 의료 사고를 일으키는 이유도 똑같습니다. 가수 신해철 씨가 안타깝게 사망했는데, 신해철 씨의 수술을 집도했던 의사는 위 천공 수술을 가장 많이 했던 실력자였습니다. 그래서 경험에 의거해 상황을 가볍게 본 겁니다. 오히려 비전문가들이 데이터를 더 꼼꼼하게 확인하고 행동하는 경우가 많습니다.

전문가들이 오히려 패턴 인식을 더 많이 합니다. 그래서 맞을 때도 있지만 틀릴 확률도 적지 않습니다.

전문가가 일으킬 수 있는 에러 확률이나
비전문가가 일으킬 수 있는 에러 확률이나

별반 차이가 없습니다.

성공을 꿈꾼다면,

실패의 역사를 바라보세요!

3.
실패의 역설 :
남의 실패는 내 성공의 어머니

실패는 성공의 어머니라고 합니다. 성공하려면 몇 번의 실패는 기본으로 깔고 가야 한다는 말이죠. 발명왕 에디슨은 2000번의 실패를 거쳐 전구를 발명했다고 하고, 알리바바 그룹의 창업자 마윈도 번역 회사, 인터넷 홈페이지 제작회사, 검색 회사 등 8번의 실패를 거쳐 마침내 성공했습니다. 페이팔을 설립해 20대에 억만장자가 된 맥스 레브친 역시 6번의 실패 이후 페이팔을 성공시켰습니다. 세상에는 실패 후 성공 사례가 넘쳐납니다. 많은 전문가들이 실패는 성공의 어머니이니 두려워 말고 도전하라고 합니다. 그런데 진짜 실패는 성공의 어머니일까요?

우리 모두는 크건 작건 성공을 꿈꿉니다. 페이스북 설립자 마크 저커버그나 아마존 CEO 제프 베조스, 알리바바의 마윈 정도는 아니어도, 자기 분야에서 자신만의 성공을 이루고 싶어 하죠.

그러나 성공의 길에는 항상 실패가 도사리고 있습니다. 거리의 작은 가게도 실패하면 적어도 몇 천만 원, 많게는 몇 억 원의 비용을 날리게 됩니다. **한 번만 잘못해도 치명상을 입습니다. 이런데도 과연 우리는 실패를 무시해도 좋을까요? 진정 실패는 성공의 어머니일까요?**

이 흥미로운 주제를 구체적인 데이터를 통해 분석한 연구가 2013년 발표되었습니다. 이들 연구의 주제는 '실패의 역설 Paradox of Failure'입니다. 결론부터 이야기하자면, 실패는 성공의 어머니가 아니라는 것입니다. 이 연구의 핵심을 요약하면 다음과 같습니다.

> 연구 주제 1. 나의 실패가 내 성공의 어머니인가? 타인의 실패가 내 성공의 어머니인가?
> 연구 주제 2. 나의 성공이 내 성공의 어머니인가? 타인의 성공이 내 성공의 어머니인가?

어떤 것이 맞을까요? 미국 에모리 대학교의 다이워즈 교수, 노스캐롤라이나 대학의 브래들리 스타츠 교수 등에 의해 진행된 이 연구는 위와 같은 질문에 답을 얻고자 매사추세츠 병원에서 외과 의사들이 집도한 심장병 수술 성공률을 조사했습니다.

연구진은 1990년대에 새롭게 개발된 'Off-Pump CABG'라는 심장 수술법에 주목했습니다. CABG는 관상동맥 우회로 이식술Coronary Artery Bypass Graft surgery인데, 협심증으로 인한 흉통을 완화하고 관상동맥 질환으로 인한 사망을 예방하기 위한 수술로서 가장 빈번하게 사용되는 수술법 중 하나입니다. 특히 Off-Pump CABG 수술법은 심장을 정지시키지 않고 진행하는 새롭게 개발된 심장 수술법입니다. 연구진은 이 수술법을 새로이 배운 외과 의사들의 수술 성공률이 시간 경과에 따라 어떻게 변화하는지를 살펴보기 위해, 매사추세츠 병원에 근무하는 경력 10년 이상의 외과 의사 71명이 2009년 10월에서 11월 사이에 집도한 6,516회의 수술 데이터를 분석했습니다.

이들이 전체 데이터를 분석하면서 살펴본 최종 변수는 '수술 사망률'이었습니다. 분석 모형은 다변량 로지스틱 회귀분석을 사용하였고, 2가지 회귀 모형을 도출했는데, 2가지 회귀 모형 모두 유사한 결과가 나왔습니다. 결과는 매우 흥미롭습니다.

도표를 보며 이 연구의 핵심 결과를 살펴보겠습니다.

환자 사망률

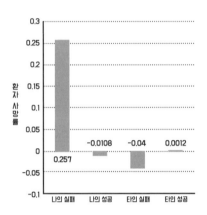

1. 과거 실패를 경험한 의사는 그 다음번 수술에 실패할 확률이 매우 높아지는 것으로 나타났습니다(beta = 0.257, p<.05). 그러니까 한두 번 수술에 실패한 의사들은 이후에도 계속 실패할 확률이 높아진다는 것입니다. 이 결과를 본다면 실패는 성공의 어머니가 아니라, 실패는 실패의 어머니가 되는 것이죠.

그렇다면 왜 이런 일이 벌어지는 것일까요? 그 이유를 크게 2가지로 살펴볼 수 있습니다.

첫째. 원인을 어디에서 찾는가의 문제입니다. 실패한 사람들은 실패의 원인을 자신에게서 찾지 않고, 주변 환경에서 찾는 경향이 높습니다. 자신이 실패했음에도 주변 탓을 하기 때문에, 진정한 피드백이 이루어지지 않고 제대로 된 개선책이 나오지 않는 것입니다. 그러니 반복할수록 실패가 재현되겠죠. 이것을 근본 귀인 오류fundamental attribution error라고 합니다.

둘째. 실패한 사람들은 과거의 실패에 좌절감을 느껴 다시 도전해보고 싶은 생각이 덜 든다는 것입니다. 한두 번 실패하면 좌절하게 되어 다시 도전할 생각 자체가 없어지게 됩니다. 실패는 좌절을 불러오고 도전 욕구를 없애버릴 수 있습니다. 이 내용이 가장 흥미로운 연구 결과 중 하나입니다.

2. 새로운 수술에 성공한 의사는 그 다음번 수술에 성공할 확률이 높아지는 것으로 나타났습니다(beta=-0.0108 p<.05). 그 이유는 과거의 성공이 자신감으로 이어져 미래의 성공에 긍정적 영향을 주기 때문입니다. 그러니까 실패하기보다는 성공을 반복하는 것이 더 큰 성공으로 이어질 수 있다는 것입니다. 이처럼 작은 성공을 반복하는 것이 큰 성공으로 이어진다는 이론을 자기효용성 이론Self Efficacy Theory이라고 합니다. 작은 성공의 반복이 큰 성공의 원동력이 됩니다.

3. 세 번째 결과가 상당히 흥미롭습니다. 다른 의사의 실패를 목격한 의사들의 수술 성공률이 오히려 높아지는 것으로 나타났습니다(beta=-0.04 p<.05). 자신의 실패는 다음번 실패로 이어지는데, 타인의 실패는 오히려 성공의 실마리가 된다는 것입니다.

이것은 무슨 의미일까요? **타인의 실패를 보면서 오히려 잘하려는 동기가 높아진다는 것입니다. 타인의 실패를 반면교사 삼아 자신의 잘못을 수정하려 하고, 수술을 보다 더 정확하게 하려는 욕구가 증가합니다.** '저 사람은 실패했지만, 나는 실패하면 안 돼, 제대로 준비해서 성공해야지'라고 하는 동기가 높아지게 되죠. 과거의 내 실패는 다음번 실패의 어머니가 되지만, 타인의 실패는 내 성공의 어머니가 될 수 있습니다.

4. 타인의 성공은 내 성공에 별다른 영향을 미치지 않는 것으로 나타났습니다. 사람들은 타인의 성공을 보고는 큰 동기 부여가 되지는 않은 것으로 보입니다.

이제 처음의 질문에 결론을 내려보겠습니다. 다이워즈 교수 등에 의해 이루어진 연구를 보면, 실패는 성공의 어머니가 아니라 오히려 또 다른 실패의 어머니가 될 수 있습니다. 실패의 원인을 제대로 탐색하지 않고, 환경 탓을 하기 때문입니다. 반면 타인의 실패는 내 성공의 어머니가 될 수 있습니다. 그 실패를 반면교사로 삼기 때문입니다.

　　그렇다면, 에디슨과 마윈과 맥스 레브친은 어떻게 여러 번의 실패를 이겨내고 성공에 도달한 것일까요? 핵심은 제대로 된 피드백입니다. 실패하더라도 제대로 된 피드백을 하면 상황은 개선됩니다. 그렇지 않으면 다시 실패에 빠질 확률이 증가합니다. 이제 실패와 성공의 인과관계에 대해 명확하게 이해해야 할 것입니다.

1.
나의 과거 실패는
나의 미래 실패로 이어질 확률이 높습니다.

2.
나의 과거 성공은
나의 미래 성공으로 이어질 확률이 높습니다.

3.
타인의 과거 실패는
나의 미래 성공으로 이어질 확률이 높습니다.

4.
이 모든 것을 결정짓는 핵심은
제대로 된 피드백입니다.

미국 서부 행동과학연구원의 대표이자 심리학자인 리처드 파슨Richard Farson의 말을 기억해야 할 것입니다.

"우리는 자신의 실패로부터 배우는 것이 아니라 다른 사람의 실패와 자신의 성공으로부터 배웁니다."

CEO. 너 자신을 알라.
실수가 줄어들 것이다.

요즘처럼 경쟁이 치열한 환경에서 CEO의 의사결정 실수는 치명적입니다. 영향력이 그만큼 막대하기 때문이죠. 그런데 주요 기업의 CEO들이 생각보다 의사결정에서 실수를 많이 한다고 합니다. 예를 들어볼까요? 2006년 월마트 CEO인 리 스콧Lee Scott은 월마트 역사상 가장 낮은 성장률인 1.9% 성장이라는 성적을 받았습니다. 반면 경쟁사인 타겟Target, 크로거Kroger, 세이프웨이Safeway 등의 성장률은 4~10%로 월마트 대비 2~5배가 더 높게 나타났습니다. 이미 의사결정상의 실수가 있었음에도, 월마트의 CEO 스콧은 낮은 성장률을 극복하기 위하여 더 강력한 비용 절감 운동을 시행합니다. 임직원의 비용 지출을 현격하게 줄이고, 중앙집중식 통제를 강화하고, 협력업체의 납품 단가를 낮추고, 종업원의 40%를 파트타임으로 전환하기까지 했습니다. 그러나 오히려 서비스의 질이 더 떨어지고, 매장 관리는 소홀하게 되고, 월마트를 이탈하는 기존 고객의 비율이 증가하는 등의 결과를 낳았습니다. 의사결정상의 심각한 실수가 벌어진 것입니다.

3M도 비슷한 실수를 했습니다. 2000년 12월에 제임스 맥너니James McNerney가 3M의 새로운 CEO로 부임합니다. 그는 경영 성과를 개선하기 위해 6시그마를 도입했고, 경영 효율성의 지표 관리를 정하고, 이를 달성하기 위하여 통제 경영을 강력히 추진합니다. 그러나 의도했던 것과 달리, 3M의 오랜 전통이었던 직원들의 자발적 아이디어 창출 문화가 사라지게 되었고, 경영 성과는 오히려 더 떨어졌습니다. 그는 비용 절감, 인력 감축, 업무 표준화를 목표로 했지만, 혁신 마인드가 훼손되어 기업의 핵심 경쟁력이 희석되는 역효과가 발생한 것입니다. 그 결과 3M의 미국 혁신 기업 순위는 2004년 1위에서 2007년 7위로 지속적으로 하락했습니다. 이것 역시 CEO가 의사결정에서 심각한 실수를 벌인 것입니다.

CEO의 의사결정 실수는 그 영향력이 막대합니다. CEO들은 어떤 상황에서 의사결정 실수를 저지르는 것일까요? 그리고 어떻게 하면 이런 실수를 줄일 수 있을까요?

미첼J. Robert Mitchell, 셰퍼드Dean A. Shepherd, 샤프먼Mark P. Sharf-man 교수가 공동 발표한 논문에 따르면, 3가지 변수가 중요하다고 합니다. 첫째는 CEO들이 자기 스스로를 객관적으로 바라보는 능력입니다. 이것을 CEO의 자기 객관화 능력self meta cognition이라고 하는데, 이것이 높으면 스스로를 객관적으로 바라보게 되어 의사결정상의 실수가 줄어든다는 것입니다.

두 번째는 CEO가 주변 환경을 얼마나 위험하고 불안정하게 보느냐입니다. CEO가 외부 환경을 위험스럽고 불안정하게 본다면 소극적인 의사결정을 내리는 경향이 높아지고, 그 결과 기업 성과에 나쁜 영향을 미친다는 것입니다.

세 번째는 CEO가 주변 환경을 얼마나 예측 가능하게 보느냐입니다. CEO가 외부 환경의 예측 가능성을 높게 본다면, 수요 창출의 기회가 높은 것으로 판단하게 되어 보다 더 적극적인 의사결정을 하게 되고, 그 결과 기업 성과에 긍정적 영향을 미치게 될 것이기 때문입니다. 연구진은 이들 3가지 변수가 가장 중요하다고 판단했고, 이것들의 상호작용을 연구했

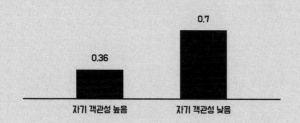

의사결정 오류(beta:-0.32)

0.7

0.36

자기 객관성 높음   자기 객관성 낮음

습니다. 총 459개의 중소기업을 선정해 이 중 127개 회사의 CEO로부터 본 연구에 필요한 데이터를 수집했습니다. 결과를 한번 살펴봅시다.

실험 결과는 연구자들이 예측했던 대로 의사결정의 오류는 자기 객관화 능력에 크게 따르는 것으로 나타났습니다. 총 3번의 회귀 분석이 진행되었는데, 그 모든 분석에서 자기 객관화 능력이 높은 CEO는 오류를 범할 확률이 급격히 낮아졌고, 자기 객관화 능력이 낮은 사람은 오류를 범할 확률이 크게 높아졌습니다. 그러니까 CEO는 무엇보다 자신의 지식과 경험, 그리고 능력을 객관화해서 보는 데 익숙해야 할 것입니다. 자신만의 관점과 경험으로 경영 환경을 바라보면 그대로 오류에 빠질 확률이 증가하게 된다는 것이죠. 그럼 어떻게 하면 자기 객관화 능력이 향상될까요? 내부, 외부의 능력 있는 전문가들의 조언에 귀 기울이고, 항상 겸손함을 갖추고, 배워야 한다는 자세를 갖는 것이 필요할 것입니다.

다음은 CEO의 위험 지각성과 예측 가능성입니다. CEO가 외부 환경을 위험하다고 판단하면 어떤 변화가 있고, 외부 환경이 역동적이라고 판단하면 어떤 변화가 있을까요?

그래프를 보겠습니다. CEO가 외부 환경을 위험하고 불안정하게 본다면, 위험 회피적 의사결정을 내리게 됩니다. 그 결과 과도하게 조심하게 되어 의사결정의 오류 확률이 결과적으로 높아지는 것으로 나타났습니

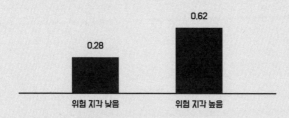

위험 지각과 오류 확률(beta:0.34)

0.62

0.28

위험 지각 낮음   위험 지각 높음

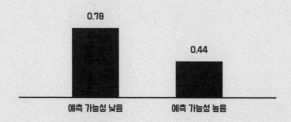

예측 가능성과 오류 확률(beta:-0.34)

0.78

0.44

예측 가능성 낮음   예측 가능성 높음

다. 반면 외부 환경의 위험이 크지 않다고 생각하면 보다 더 타당한 의사 결정에 이르게 된다고 합니다.

이번에는 외부 환경의 예측 가능성을 살펴보겠습니다. CEO가 주변 환경을 예측 가능하지 않은 것으로 본다면, 지나치게 조심스럽게 의사결 정을 하게 되어 오히려 오류 확률이 증가했습니다. 반면에 외부 환경을 예측 가능한 것으로 본다면, 더 많은 기회를 탐색하게 되고 보다 더 적극적인 의사결정을 내리게 되어 의사결정의 오류 확률은 줄어드는 것으로 나타났습니다.

이 두 개념을 종합하면 다음과 같습니다. 위험 지각이 낮으면 예측 가능성에 상관없이 오류 확률이 절대적으로 줄어듭니다. 그러나 위험 지각과 예측 가능성이 모두 높으면 CEO의 의사결정에서 오류 확률이 대폭 증가합니다. 이 결과는 CEO들이 외부 환경을 어떻게 보느냐에 따라 오류 확률이 바뀔 수 있다는 것을 보여주고 있습니다. 동일한 시장인데도, CEO의 관점에 따라 위험하거나 예측하기 어렵다고 보면 오류가 증가한다는 것입니다.

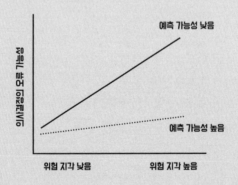

이 연구는 전략적 판단의 오류를 야기하는 원인을 의사결정자의 심리적 측면에서 살펴본다는 데 의미가 있습니다. 무엇보다 중요한 것은 CEO의 자기 객관화 능력 정도입니다. 스스로를 객관적으로 바라보면 오류 가능성이 줄어듭니다. 두 번째는 CEO가 시장 환경의 위험을 높게 지각하면 의사결정의 실수 가능성이 증가합니다. 그렇지만 시장의 예측 가능성을 높게 본다면 기회를 탐색하게 되어 오류 확률이 줄어듭니다. 복잡한가요? 결론만 말씀드리면 다음과 같습니다.

1. 리더는 자기를 객관적으로 바라보는 연습을 해야 한다.
2. 리더는 미래를 예측 가능한 관점으로 가져오는 연습을 해야 한다.
3. 리더는 과도한 위험 지각을 할 필요는 없다.

CEO가 주변 상황에 너무 민감하여 집중과 합리성, 균형 감각을 상실해 판단의 오류를 범할 수 있는데, 이때 중요한 것은 자기 자신과 시장을 객관적으로 바라보고, 부가적으로 과도하게 위험을 지각하지 말고, 예측 가능성을 높게 보는 것입니다. 이를 위해 리더들은 끊임없이 공부하고 탐색하여 정확한 의사결정을 내릴 수 있도록 노력해야 합니다. 어려운 경제 상황 속에서 스스로를 객관화하여 시장을 바라보되, 시장의 변화를 지나치게 위험하게 인식할 필요는 없을 듯합니다.

참 고 문 헌

TOPIC 1. 리더십, 동기 부여의 미학

Harlow, H. F., Harlow, M. K. & Meyer, D. R. (1950). Learning motivated by a manipulation drive. *Journal of Experimental Psychology*, vol. 40(2), 1950, 228–234.

Deci, E. L. (1971). Effects of externally mediated rewards on intrinsic motivation. *Journal of Personality and Social Psychology*, vol. 18(1), 1971, 105–115.

Lepper, M. R., Greene, D., & Nisbett, R. E. (1973). Undermining children's intrinsic interest with extrinsic reward: A test of the "overjustification" hypothesis. *Journal of Personality and Social Psychology*, vol. 28(1), 1973, 129–137.

Dan Ariely, Uri Gneezy, George Loewenstein, and Nina Mazar. Large Stakes and Big Mistakes, *Review of Economic Studies*, vol. 76, 2009, 451–469.

Arlen C. Moller, H. Gene McFadden, Donald Hedeker, and Bonnie Spring. Financial Motivation Undermines Maintenance in an Intensive Diet and Activity Intervention. *Journal of Obesity*, vol. 2012.

Glucksberg, S. (1962). The influence of strength of drive on functional fixedness and perceptual recognition. *Journal of Experimental Psychology*, vol. 63(1), 36–41.

Grant, Adam M., Campbell, Elizabeth M., Chen, Grace, Cottone, Keenan, Lapedis, David & Lee, Karen (2007). Impact and the art of motivation maintenance: The effects of contact with beneficiaries on persistence behavior. *Organizational Behavior and Human Decision Processes*, vol. 103(1), 2007, 53–67.

Grant, Adam M., Nurmohamed, Samir, Ashford, Susan J. & Dekas, Kathryn (2011). The performance implications of ambivalent initiative: The interplay of autonomous and controlled motivations. *Organizational Behavior and Human Decision Processes*, vol. 116(2), 2011, 241–251.

Benjamin Scheibehenne, Jutta Mata & Peter M. Todd (2011). Older but not wiser—Predicting a partner's preferences gets worse with age. *Journal of Consumer Psychology*, vol. 21(2), 2011, 184–191.

TOPIC 2. 셀프 리더십 정교화

Hackman, J. R. & Oldham, G. R. (2005). How Job Characteristics Theory Happened. *The Oxford Handbook of Management Theory: The process of theory development*, 2005, 151–170.

Gerard H. Seijts, Gary P. Latham, . Kevin Tasa & Brandon W. Latham (2004). Goal

Setting And Goal Orientation: An Integration Of Two Different Yet Related Literatures. *Academy Of Management Journal*, vol. 47(2), 2004, 227−239.

Barling, J., Weber, T., & Kelloway, E. K. (1996). Effects of transformational leadership training on attitudinal and financial outcomes: A field experiment. *Journal of Applied Psychology*, vol. 81(6), 1996, 827−832.

Fujita, K., Trope, Y., Liberman, N., & Levin-Sagi, M. (2006). Construal levels and self-control. *Journal of Personality and Social Psychology*, vol. 90(3), 2006, 351−367.

Vohs, J., Y. Wang, F. Gino & M. I. Norton (2013). Rituals Enhance Consumption. *Psychological Science*, vol. 24(9), 2013, 1714−1721.

Valdesolo, P., Ouyang, J., & DeSteno, D. (2010). The rhythm of joint action: Synchrony promotes cooperative ability. *Journal of Experimental Social Psychology*, vol. 46(4), 2010, 693−695.

Kravitz, D. A., & Martin, B. (1986). Ringelmann rediscovered: The original article. *Journal of Personality and Social Psychology*, vol. 50(5), 1986, 936−941.

Dunbar, Robin. You've Got to Have (150) Friends. New York Times, 25 Dec 2010.

Carr, P. B., & Walton, G. M. (2014). Cues of working together fuel intrinsic motivation. *Journal of Experimental Social Psychology*, vol. 53, 2014, 169−184.

Florian Kunze, Stephan Boehm and Heike Bruch (2013). Organizational performance consequences of age diversity: Inspecting the role of diversity-friendly HR policies and top managers' negative age stereotypes. *Journal of Management Studies*, vol. 50(3), 2013, 413−442.

TOPIC 3. 리더의 덕목

Morgan, R. M., & Hunt, S. D. (1994). The commitment-trust theory of relationship marketing. *Journal of Marketing*, vol. 58(3), 1994, 20−38.

Csikszentmihalyi, Mihaly. *Applications of Flow in Human Development and Education: The Collected Works of Mihaly Csikszentmihalyi*. Springer, 2014.

Alrajih, S. & Ward, J. (2014). Increased facial width-to-height ratio and perceived dominance in the faces of the UK's leading business leaders. *British Journal of Psychology*, vol. 105(2), 2014, 153−161.

TOPIC 4. 리더십과 기업문화 구축

Remi Radel, Philippe Sarrazin, Marie Jehu & Luc Pelletier (2013). Priming motivation through unattended speech. *British Journal of Social Psychology*, vol. 52(4), 2013, 763−772.

Isen, A. M., & Levin, P. F. (1972). Effect of feeling good on helping: Cookies and kindness. *Journal of Personality and Social Psychology*, vol. 21(3), 1972, 384 – 388.

Chad A. Higgins & Timothy A. Judge (2004). The Effect of Applicant Influence Tactics on Recruiter Perceptions of Fit and Hiring Recommendations: A Field Study. *Journal of Applied Psychology*, vol. 89(4), 2004, 622 – 632.

TOPIC 5. 리더십과 관계 형성

Proto, E & Oswald, A. J. National happiness and genetic distance: a cautious exploration. *The Economic Journal*, vol. 127(604), 2017, 2127 – 2152.

Kipling D. Williams & Steve A. Nida (2011). Ostracism: Consequences and Coping, *Psychological Science*, vol. 20(2), 2011, 71 – 75

Jane O'Reilly, Sandra L. Robinson, Jennifer L. Berdahl & Sara Banki (2014). Is Negative Attention Better Than No Attention? The Comparative Effects of Ostracism and Harassment at Work. *Organization Science*, vol. 26(3), 2015, 774 – 793

Walker, C. J. (2010). Experiencing flow: Is doing it together better than doing it alone? *The Journal of Positive Psychology*, vol. 5(1), 2010, 3-11.

Vaillant, G. E. *Triumphs of Experience: The Men of the Harvard Grant Study*, Belknap Press, 2012.

Csikszentmihalyi, Mihaly. *Applications of Flow in Human Development and Education: The Collected Works of Mihaly Csikszentmihalyi*. Springer, 2014.

Levine, M., Prosser, A., Evans, D. & Reicher, S. D. (2005). Identity and Emergency Intervention: How Social Group Membership and Inclusiveness of Group Boundaries Shape Helping Behavior. *Personality and Social Psychology Bulletin*, vol. 31(4), 2005, 443 – 453.

TOPIC 6. 리더십과 커뮤니케이션

Sherif, M., *Experimental study of positive and negative intergroup attitudes between experimentally produced groups: robbers cave study*. University of Oklahoma, 1954.

Sherif, M. (1958). Superordinate goals in the reduction of intergroup conflict. *American Journal of Sociology*, vol. 63(4), 1958, 349 – 356.

Griffith, C. H., Wilson, J. F., Langer, S., & Haist, S. A. (2003). House Staff Nonverbal Communication Skills and Standardized Patient Satisfaction. *Society of General Internal Medicine*, vol. 18(3), 2003, 170 – 174.

Michael W. Kraus, Cassy Huang, & Dacher Keltner, Tactile Communication, Cooperation, and Performance: An Ethological Study of the NBA, *Emotion*, vol. 10(5), 2010, 745–749.

Guéguen, N. (2010). The effect of a woman's incidental tactile contact on men's later behavior. *Social behavior and personality*, vol. 38(2), 2010, 257–266.

Brett A. S. Martin. A Stranger's Touch: Effects Of Accidental, Interpersonal Touch On Consumer Evaluations And Shopping Time. *Journal Of Consumer, Research*, vol. 39(1), 2011, 174–184.

Heatherington, L., Daubman, K. A., Bates, C., Ahn, A., Brown, H., & Preston, C. (1993). Two investigations of "female modesty" in achievement situations. *Sex Roles*, vol. 29(11–12), 1993, 739–754.

Tracy Kwang, Erin E. Crockett, Diana T. Sanchez & William B. Swann, Jr. (2013). Men seek social standing, women seek companionship: sex differences in deriving self-worth from relationships. *Psychological Science*, vol. 24(7), 2013, 1142–1150.

Steele, J. R. & Ambady, N. (2006). "Math is Hard!" The effect of gender priming on women's attitudes. *Journal of Experimental Social Psychology*, vol. 42(4), 2006, 428–436.

TOPIC 7. 리더십의 실패

http://news.chosun.com/site/data/html_dir/2009/10/09/2009100901733.html
http://article.joins.com/news/article/article.asp?total_id=1647387&ctg=11

Audia, P. G., Locke, E. A., & Smith, K. G. (2000). The paradox of success: An archival and a laboratory study of strategic persistence following radical environmental change. *Academy of Management Journal*, vol. 43(5), 2000, 837–853.

Crystal C. Hall, Lynn Ariss, Alexander Todorov (2007). The illusion of knowledge: When more information reduces accuracy and increases confidence. *Organizational Behavior and Human Decision Processes*, vol. 103(2), 2007, 277–290.

Diwas KC, Bradley R. Staats, Francesca Gino (2013). Learning From My Success And From Others' Failure: Evidence From Minimally Invasive Cardiac Surgery, *Management Science*, vol. 59(11), 2013, 2435–2449.

"성공한 CEO, 실패한 CEO들로부터 배우는 10가지 경영전략 사례", FIP-2007-34, 통권 제 96호, 2007.

J. Robert Mitchell, Dean A. Shepherd and Mark P. Sharfman, Erratic Strategic Decisions: When and Why Managers Are Inconsistent in Strategic Decision Making, *Strategic Management Journal*, vol. 32(7), 2011, 683–704.

논백
리더십
전략
©신병철 2018

1판 1쇄 발행 2018년 6월 29일
1판 7쇄 발행 2023년 2월 7일

지은이 신병철
펴낸이 황상욱

기획 황상욱 **편집** 윤해승 이은현
마케팅 윤해승 장동철 윤두열 양준철
경영지원 황지욱 **제작처** 한영문화사

펴낸곳 (주)휴먼큐브
출판등록 2015년 7월 24일 제406-2015-000096호
주소 03997 서울시 마포구 월드컵로14길 61 2층
문의전화 02-2039-9462(편집) 02-2039-9463(마케팅) 02-2039-9460(팩스)
전자우편 byvijay@munhak.com

ISBN 979-11-88874-15-6 03320

fb.com/humancube44 @humancube_books